JN096719

保育園・幼稚園の

ちょっと
気になる子

中川　信子 著
言語聴覚士

はじめに

　最近、保育園、幼稚園や子育て支援の現場で、なんとなく気になる、注意深く見守ってあげたほうがよさそうなお子さんが増えていると感じます。

　そういうお子さんについて先生方から「発達障害でしょうか？」と質問されることもたびたびです。先生に、「発達障害だったとしたら？」と聞き返してみたことはありませんが、多分「障害があるのだったら、早く専門機関に紹介して、療育を受けさせてあげたい。私たちは専門家ではないから」というお気持ちなのだろうと思います。

　実際、はっきりした障害があり、専門的な対応が有効かつ必要なお子さんもいます。けれども、少しみんなとちがうようで気になる、通常の集団運営にうまく乗れないなどのお子さんの場合は、毎日の生活の中で、その子の特性に合わせた工夫や対応をすることで、みごとな成長の姿を見せてくれることも多いのです。

　彼らは"できない子"ではありません。適切な配慮や工夫があれば"自分なりの成長を見せる子"なのです。

　北九州療育センターの故高松鶴吉先生がおっしゃった「療育とは注意深く（ていねいに）配慮された子育てである」は、今、私たちが一番大切な道しるべにしたいことばです。

保育、幼児教育、子育て支援、いずれの場であっても、子どもがいる現場で進行しているのは「子育て（ち）」「子育て（ち）支援」にほかならず、そこにいる人は子育ての専門家です。障害のあるなしにかかわらず、すべての子どもに必要なのは「ていねいなかかわり」なのです。

　もうひとつ、付け加えておきたいことがあります。子どもの発達の法則には「子どもの発達は、子どもが生まれつき持っている特性と、周囲の環境との相互作用の中で促進される」というものがあります。
　通常の、多数派の子どもたちは、細かい配慮、ていねいなかかわりがなくても、自分たちの力で伸びていけます。一般的なかかわり、おおざっぱな見守りで十分です。
　一方、子どもの側に発達上のなんらかの弱さがある場合には、ていねいに配慮された環境が必須です。言いかえると、発達上の弱さがあったとしても、ていねいに配慮された工夫やかかわりがあれば、健やかに伸びていけます。
　どの子が多数派で、どの子が発達に弱さがあるのかを見極めたり、ふるい分けたりすることが無駄だとは言いませんが、すべての子どもたちに、その子に合わせたていねいなかかわり、よい環境を作り出すことを目指せばよい、と私は思っています。

　この本では、先生方が一番必要としていらっしゃるであろう、こういう子はこういう障害かも、こういう場面ではこういう対応が有効、

というマニュアル的なものはお示ししていません。子どもは、ひとり
ずつちがい、集団の構成もそれぞれちがうので、一般論はほとんど役
に立たないからです。

　その代わり、この子はこんな気持ちなのかもしれない、こんな状況
なのかもしれない、とその子の側に近づいて推測し、「もしそうだと
したら、ではどのように接したらうまくいくだろうか？」と考えるた
めのヒントを提案しました。

　ただし、それらのヒントは、いずれも仮説にすぎません。やってみ
て、うまくいけば、その仮説は正しかったと言えますし、うまくいか
なければ別の仮説を立てて再度やってみるしかありません。それでも、
試行錯誤の末に手に入れた経験と知識は、確実にその人の身についた
スキルとなり、次の場面でも応用できるものになるにちがいありませ
ん。

　通常よりちょっと手がかかる子がクラスにいたために、先生が苦労
して編み出した「ていねいなかかわり」は、多数派の子どもたちに
とっても、大きな実りをもたらすことでしょう。

　この本に書いてあることのうちの、ひとつでもふたつでも、子ども
の姿をよりクリアにとらえるための「魔法のメガネ」になるよう願っ
ています。

2020 年 1 月　中川 信子

1章

ちょっと
気になる子の
理解

「ちょっと気になる子」の
気持ちに近づいて

- -

　保育園や幼稚園の先生からよく相談される「ちょっと気になる……」の中味をAからMまでの13項目に分類してみました。見た目はまるでちがう行動のように見えますが、実は、「脳の働き方がうまくいっていない可能性がある」という点では、どの行動にも共通性があります。

　そして、望まれる対応も共通です。「感覚統合の考え方を取り入れ、体を使った遊びを十分に行う」ことと「わかりやすい、安心できる環境を作る」ことにつきます。

　「感覚統合」って何かむずかしいことに聞こえるかもしれませんが、毎日の園での生活の中でふつうに行われている遊びは、いずれも、感覚統合を進める要素をたくさん持っていますので、どうぞ、自信を持ってください。

　育てにくい子、発達障害かもしれない子の育ちについて、ここ10年くらいで確かにわかってきたことがあります。それは、気持ちを理解してくれる大人がいて、叱られるのではなく、ていねいに教えてもらえる環境の中で育つと、心理的に安定した、学習に向かう意欲を持った子に育つ、ということです。

　逆に、叱られ続けたり、きちんとするように強制された子は、担任が替わったときや、就学してから反抗的になったり、意欲のない子になったりすることも多いのです。

　「教える」「しつける」と「受け入れる」「長い目で見る」のさじ加減は、いつだってむずかしいものですが、子どもの気持ちに少しでも近づくことができるよう具体的場面を通して考えてみましょう。

　（「感覚統合の考え方」については、66ページをごらんください）

保育園・幼稚園の
ちょっと気になる子 って
どんな子？

 体の使い方が気になる子

・じっとしていられない

・すぐに席を立つ

・すぐに寝そべってしまう

・まっすぐ立っていられない

・体の使い方がぎごちない

　（突進してきてぶつかる・スムーズに止まれない）

・きちんとするべきときに、走り回ったりよじ登ったりする

・着席しても、もじもじ手足を動かしたり、

　ぐにゃっと姿勢が悪い

B 手先の使い方が気になる子

- 不器用・ものの扱いが乱暴
- 両手を一緒に使うことがむずかしい
- なぐり書きから進歩しない
- いくら教えてもできるようにならない（ボタン・スプーン）

C 注意の向け方が気になる子

- 先生の話を聞いていない
  （自分勝手なやり方をする）
- じっとしていられない、余計なことに気が散る
- ひとつのことに集中できず、あれもこれもやりっぱなし
- ぼーっとしている

D 衝動性・攻撃性が気になる子

- ・ 注意すると怒る
- ・泣きわめく
- ・急に大きな声を出す
- ・友だちのやっていることにちょっかいを出す
- ・すぐにものを投げる、友だちを叩く、かみつく

E 対人関係（コミュニケーション）が気になる子

- ・目が合わない、合いにくい
- ・一緒に遊ぼうとするとイヤがる
- ・友だちのそばにいてもひとりで遊んでいる
- ・孤立した感じ
- ・友だちがやっていることを邪魔する、
  からかう、ちょっかいを出す

F　感情の育ちが気になる子

- 表情にとぼしい・笑顔が少ない
- 先生に甘えたり助けを求めたりする行動が少ない

G　心理面が気になる子

- はじめてのことや人にはとても臆病
　（食わず嫌い）
- うまくできないとひどく落ち込む・やつあたりする
- 人による評価を気にする
　（励ましたりほめてもらわないとできない）
- 自信がない・できても心から喜べない
- 悪いことば、相手を傷つけるようなことを（わざと）言う

H　こだわり・興味の狭さが気になる子

- いつも同じことばかりやっている
- いつもとちょっとでもちがうやり方で
  やろうとすると大騒ぎする
- 他の子が自分の思い通りのことをしないと気がすまない
- 洋服の着替えをしたがらない・苦手
- テレビドラマやアニメのセリフのようなことを
  いつもしゃべっている
- 偏食

I　触覚的なことが気になる子

- 手をつなごうとするとイヤがる
- 洋服の着替えをしたがらない・苦手
- すぐ洋服を脱いでしまう
- 大人にべたべたくっついてくる・ベターッともたれかかる
- 糊・フィンガーペインティング・砂遊びなどが苦手、
  または、そればかりやる

J　ことば（コミュニケーション）が気になる子

- ・ことばの発達が遅い
- ・文章としてまとまらない
- ・自分が興味のあることについて一方的にしゃべる
- ・話し方に抑揚がなく感情の伝わりにくい話し方をする
- ・相手の言うことをよく聞いていない
- ・共感する動作（うなずく・微笑む）などが少ない
- ・質問に答えられない
- ・場面に合わないことをだしぬけに言う
- ・悪いことば、相手を傷つけるようなことばを（わざと）言う

K　発達（知的能力）の問題が気になる子

- ・動きや反応が遅い・ぼーっとしている
- ・お話の筋や、先生の説明の内容がわかっていない
- ・他の子ができていることができない・理解がよくない

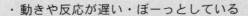

L 口の動き・発音などが気になる子

- よだれが多い
- 発音がはっきりしない・言えない音がある
- 食べ物をかまずに丸呑みする・かむ必要の
  ある食べ物は食べたがらない
- 舌小帯短縮と言われたことがある
- 口を開けている・鼻がつまっている

M その他（視覚・聴覚など）が気になる子

- 大きな音ではないのに耳ふさぎをする
- 縞模様・水の吸い込み口などが異様に好き
- 横目、また目を細めて
  （まぶしいような目つきで）ものを見る
- 転んだりケガをしても痛がらず平気

　対処法を考える前に、「どう理解したらいいか」、その手がかりをさぐっ
てみましょう。

● 子どもの気持ちに少しでも近づけるように

どうでしょう？　思いあたるお子さんがいましたか？

ＡからＭまで、見た目はまるでちがう行動のように見えますが、実は、「脳の働き方がうまくいっていない可能性がある」という点では、どの行動にも共通性があります。

そして、望まれる対応も共通です。「感覚統合の考え方を取り入れ、体を使った遊びを十分に行う」ことと「わかりやすい、安心できる環境を作る」ことにつきます。

「感覚統合」と言われると、何かむずかしいことに聞こえるかもしれませんが、毎日の園での生活の中でふつうに行われている遊びは、いずれも、感覚統合を進める要素をたくさん持っています。遊びや感覚統合についてはあとでお話しします。

子どもは、長い時間をかけて成長を続けます。大きくなるにつれ、ここにあげたような行動面の気がかりが、目立たなくなっていくことも多いものです。

小さいころにとても心配だったお子さんが、30年後に、保護者として園に現れてくれて、先生が「まあ、りっぱになって」と感激する、などというのもよく聞く話です。

大切なのは、成長過程の中でも一番可塑性の高い幼児期に、望ましいかかわりをしてもらえたかどうかが、その子の人生に大きな影響をもたらす、ということです。

子どもの気持ちに近づくことができれば、おのずと望ましい接し方が生まれるはずです。そのための手がかりを探してみましょう。

1

困った行動について考えてみましょう

● Aちゃんの困った行動

　ことばが遅く、発達に若干の遅れがあるAちゃんのことで園を訪問したときのことです。「4歳児なのにまだ朝のお支度ができないんです」と担任の先生。そこへAちゃんが登園してきました。

　お母さんが「じゃあね」とそそくさと別れて行くと、とたんにかぶっていた帽子をむしり取って床に投げつけ、肩にかけていたカバンを同じく床に放り出します。先生が「帽子は投げちゃだめでしょ。ちゃんとロッカーにかけなさい」と言うと、帽子とカバンをまとめて足でけ飛ばし、そのまま裸足で園庭にかけ出して行ってしまいました。

　「Aちゃん、待ちなさい。まだお支度できてないよ」と先生が呼んでも聞こえやしません。砂場の3歳児が使っていたシャベルを取り上げ、庭の真ん中にぽーんと投げてしまいました。背中が"むしゃくしゃしてるんだー！"と言っています。

● 困った行動を分析的に見てみよう

　4歳にもなってこれでは将来が心配。くり返し教えて身につけさせなければ……。そういう焦りの気持ちに陥りがちな場面です。

　ここで必要な考え方は、「一般の子より厳しく教えなければできるようにならない」ではありませんし、「発達が遅れているのだからできなくても仕方がない」でもありません。一般の子よりも細かいステップに分けて考え、子どもがラクになるように対応しようとする考え、態度が必要です。

　まず、この「困った行動」を分析的に考えてみることが助けになります。書き出すと、いっそう問題が把握しやすくなります。

・原因と対応を書き出す

① なぜそうした行動が起こるのか

　生理的な原因、心理的な原因、環境的な原因など、思いつく限りあげてみる。その原因は推論にすぎないということを忘れずに。

② どのような対応が考えられるか

　①であげた項目について、可能な対応をなるべく多く考えてみる。

　実際にその対応をしてみた結果、「困った行動」が減れば、その推論と対応は、おそらく正しいと言えます。他の場面にも応用することができるでしょう。

A ちゃんの場合

① なぜそうした行動が起こるのか（原因の推論）

生理面：寝不足、空腹、風邪気味でご機嫌が悪い。

心理面：別れ際にお母さんがちゃんと「さようなら」をしてくれな
　　　　かった。登園時間が遅く、みんなはすでに園庭に出て遊び
　　　　始めており、出遅れ感があった。

環境面：先生の声かけが高圧的、命令的、たたみかけるような調子
　　　　だったため、イライラ感を募らせた。

② どのような対応が考えられるか（対応案）

・お母さんと別れを惜しみ、ちゃんと「いってらっしゃい」と送
り出すことを促す。
・他児への出遅れ感をなくすために、10分早く登園してもらう。
・先生は、声をかけるだけではなく、可能な範囲で手伝う。
・「やらせなければ」という焦りの気持ちの代わりに、「じっくり
手伝ってあげるよ」という気持ちで声かけする。

　Aちゃんの行動について、担任の先生と話し合って推論し、対応
を考えてみました。その結果、先生に甘えながらも朝のお支度ができ
るようになり、お支度がスムーズにできた日は、午前中の活動にも前
向きに参加できるようになっていきました。
　「"障害"や発達のつまずきを持つ子に注目すると、一般の子のこと
もよく見えるようになるものですね。これまで見落としていたことが
たくさんありました」という先生の感想が印象的でした。

2

子どもには
どう聞こえて
いるのかな？

● 「聞き取れない」体験

　ある日、電車に乗って他県に行く用事がありました。新幹線から、JR在来線に乗り換えです。予定では、新幹線からJR在来線の乗り換え時間は4分です。ところが、新幹線が2分程度遅れました。残された乗り換え時間は2分しかなく、気は焦ります。さらに、在来線が何番ホームから出るのかわかりません。車内放送もあったはずですが、焦っていた私の耳には入らなかったのでしょう。ありがたいことに、急いでおりた駅のホームで案内の放送が流れていました。ところが……「あ〇いー。△たm☆?。い◇せんの〇〇は、◇ばんせん◎□す。おいそ◇▼ださーい」。マイクが接触不良らしく、聞き取れません。そばには駅員さんも見当たらず、やれ困った。ホームに見当をつけて階段を駆け上がりました。なんとか間に合い、無事に乗り込んでぜいぜいと息をつきました。熱海駅でのできごとでした。

子どもたちのアタマの中

このとき、ふと考えました。「ちょっと気になる子」たちは、毎日、こんな不安な気持ちで過ごしているのかもしれない、と。

前の項目で、「生理的な原因を考えてみる」をあげましたが、「生理的な原因」のひとつとして、脳の中の電線の電気の通り具合が少し乱れているのかもしれないのが「ちょっと気になる子」なのです。

私の場合は、「マイクの接触不良」でしたが、この子たちの場合は、「脳の中の電線の接触不良」というわけです。（詳しくは、66ページをごらんください）

この子たちに起きている事態について考えてみましょう。

・「ちょっと気になる子」に起こっていること

1）いつも焦っているような感じ。ちゃんと聞いたり、落ち着いて考えたりできない。「あと2分で家を出なければならないのにカギが見つからない」ときの気分が一日中続いているようだ、と想像してみてください。

2）脳の中の電線の接触不良で、音がプツプツ切れるので、相手の言うことの内容が把握できない。テーマになる大事なことばが聞き取れない。

3）わからなくて困るから離席する。やりたがらない。

「ちょっと気になる子」への おたすけヒント

　そんな、「ちょっと気になる子」たちに役立つ接し方のヒントをあげてみましょう。

1

手がかりになるもの（視覚的手がかり）を見せながら話す

ハサミを出してほしいときには、ハサミを示しながら話す。

2

ゆっくり、はっきり話す

「ゆっくり」話すとひとつの音の持続時間が長くなるので、接触不良があっても少しわかりやすくなります。

紙を
切りますよ
はさみで

3

困っている様子があれば、すぐに助けの手を差し伸べる

例えば、駅で放送が聞き取れな
かったときにも、優しく教えてく
れる駅員さんがいたとしたら、不
安にならずに行動できたはず。

　言われた通りにできないときは、その子が困っているときです。
「ちゃんと聞いていないからよ！」と叱られるのではなく、「何がわか
らなかったの？ ああ、ハサミを出せばいいのよ」と言ってもらえた
ら、毎日の園生活がとても安心なものになります。

　こうしたことの積み重ねが、「ちょっと気になる子」や「支援の必
要な子ども」への「個別の」「当たり前の支援」なのです。

3

触れられること
触れることが
苦手な子

● 不具合が「触覚面」に出ているのかも

　クラスの中に、人に触れられることをイヤがる子がいませんか？もしかすると、フィンガーペインティングや糊を使うなど手を使う作業も苦手かもしれません。触れられることや触れることが苦手な子は、「嫌い」「興味がない」「やる気がない」のではなく、中枢神経系のちょっとした不具合が触覚面に出てきている可能性もあります。

　触覚は歴史も古く、生き物が安心してこの世に存在するためにとても大事な感覚です。大きく分けて2種類のものがあります。

① 原始系 / 動物が自分の生命を守るために行ってきた機能

　（①餌に向かう ②敵と戦う ③敵から逃げる）に基づく働き。

② 識別系 / 哺乳類以降で進化した機能

　自分から触れてそれが何かを確かめて理解する働き。

原始系がフル回転中

　2、3歳になり、周囲への理解が発達すると「識別系」が向上し、「原始系」の働きは後退していきます。ところが中には、「原始系」と「識別系」が遅くまで混在している子もいます。

　そばにいるお友だちが肩にトンと軽く触れたら「なあに？」と振り向くのが多数派の反応です。ところが、子どもによっては、「そばにお友だちがいる」のが目に見えていながら、そのことに「注意を向ける」ことが上手にできていないことがあります。

　そんな子は、お友だちに肩をトンとされると、まるで誰もいないはずの真っ暗な部屋の中、お化け屋敷の中などで突然誰かに「肩をドン！」とされたときのように驚き、「きゃっ！」と身を引いてしまうことがあるのです。

　これは、本能的に敵から身を守ろうとする「原始系／③敵から逃げる」の働きが前面に出てきてしまうことで起こります。肩に少し触れただけで「なんだよ！」と相手の子を突き飛ばす子は、「原始系／②敵と戦う」がフル回転中というわけです。

　そうした傾向を持つ子は、糊などに触れることも苦手で、製作活動がむずかしいことがあります。

「触れられる・触れることが苦手な子」への おたすけヒント

　成長と共に次第におさまる場合も多いのですが、次のような工夫をしてみるとよいでしょう。

1

「そーっと」ではなく強めに「ぎゅっと」さわる

触れられるのが嫌いだからと、おそるおそる「そーっと」触れると、かえって不快。「そーっと」変じて「ぞーっと」なので、少々強めにぎゅっとさわってあげたほうがよいことも。

2

生命にとって大切な場所は特にイヤ

首筋、わきの下、わき腹など、太い血管が通っており、生命にとって大切な場所は特に触れられるのがイヤ。抱っこは、わきの下ではなくウエストあたりを強めに支えるようにする。

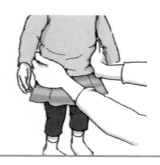

3

あらかじめ、ことばで予告する

着替えのときなど、「(Tシャツの襟首が) お顔のところを通るよー」と予告。抱っこするときも「〇〇ちゃん、抱っこするよ」と予告し、相手がOKの表情を見せてから行う。

4

安心できる状況を作る

粘土や絵具などにさわれない場合は、ひざの上に抱っこして「背中側は安心」という状態で挑戦させてみる。信頼関係のできている先生が、後ろから手を添えてもよい。

4

目 の使い方が

うまく

いかない子

● 探しものが苦手なBちゃん

　4歳のBちゃんは、なかなかものを見つけることができません。「自分の棚からクレヨンを出していらっしゃい」と言われ、すぐに棚のところに行くのですが、「え、どこどこ？　ない。先生、クレヨンがないよ」と言います。いつも、です。先生が行くと、クレヨンはすぐに見つかります。「目の前にあるよ。どうして見えないのかな？」と先生が言うと、Bちゃんは照れ笑いをして席に戻ります。

　クレヨンを使って絵を描くことになりましたが、Bちゃんの背中はグニャグニャ、グニャグニャ。姿勢が定まりません。その結果、できあがった絵はぐちゃぐちゃです。「目の前にあるのにどうして見えないのかな」「『お背中ピン！』って注意してもできるのは一瞬だけ」「知的な遅れがあるとは思えないのに」と先生の頭の中では「？」マークの大行進です。

● 目の使い方は姿勢にも関係する

　Bちゃんのようなお子さんは、単に不注意なわけではありません。「視力は悪くなく、目は見えているけれど、目の使い方が上手ではない」状態です。

　「棚（オープンロッカー）の上の段。クレヨン箱の側面が見えているのだから、すぐに見つけられるはず」と思ってしまいがちですが、Bちゃんにはどのように見えていたのでしょうか。

　クレヨンを取りに棚の前にきたものの、Bちゃんにはいろいろなものが見えます。帽子、通園カバン、着替え入れの袋、さらには隣の棚のお友だちの荷物やクレヨン箱も……全部が一斉に視野に入ってくるので、どこに的を絞ればいいかわかりません。

　Bちゃんにとって、その棚からクレヨン箱を探し出す作業は、「保育園内の全クラスの文房具を箱から出して、職員室の床にざあーっとぶちまけた状態から、特定の押しピン１個を探し出す」のと同じくらい困難な作業なのかもしれません。

　姿勢がグニャグニャとして定まらない子は、脳の中の筋肉の動きをコントロールする場所が、うまく指令を出せていないと考えられます。

　眼球の方向を決めて、注視したり、追視したり、焦点を合わせたりする作業と、姿勢をピンと保つ力とは、連動します。「ちゃんと見なさい！」の前に、周りが工夫してあげられることがあります。

「目の使い方がうまくいかない子」への おたすけヒント

姿勢が保てず眼球の使い方を上手にコントロールできないと、

見ようとする気持ちはあるが、うまく焦点が絞れずぼやける
→ ちゃんと見えない
→ ちゃんと見ようとする気が生まれない
→ すぐにイヤになる → あきらめる → 人に頼る

といった悪循環に陥りがちです。姿勢を保つことができるような遊びに取り組み、目の使い方が上手になるように助けるかかわりを生活の中で配慮すれば、ずいぶん暮らしやすくなるでしょう。

1

● 探す範囲を視覚的に指定してあげる

Bちゃんのロッカーをカラーテープなどで囲い「この範囲の中を探せばいいんだよ」と視覚的にわかりやすく示す。

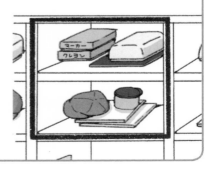

2

● 体を使って大いに遊ぶ

感覚統合が進み、自然に姿勢が
保てるようになります。

3

● 時間の許す範囲で手助けをする

「できない、わからない」と助
けを求めてきたら、「自分でで
きるでしょ」と突き放さず、時
間の許す範囲で手助けをする。
安心感が与えられれば、落ち着
いて見ることができるようにな
ります。

5

偏食の強い子

● 園年齢は偏食のお年ごろ

　保育園・幼稚園年齢では、決まったものしか食べない子や、食べられないものがある子が多いものです。

　かくいう私も、３、４歳のころ、生卵をかけたご飯ばかり食べていた時期がありました。卵かけご飯の次は、炒り卵入りのバター味の炒めご飯を、くる日もくる日も食べていました。おそらく数カ月単位だったのではないかと思います。

　さらに、お赤飯が苦手でした。と言っても、まったく食べないわけではありませんでした。食べるときは、まず小豆を全部つまみ出してまとめます。そして、先にもち米だけをおいしいおいしいと食べ、最後に小豆をまとめて食べて、はい、ごちそうさま。お赤飯が大好物の母に、「どうしてそんな食べ方をするの？　一緒に食べればいいのに」と不思議がられても、その食べ方は頑として譲りませんでした。

34

偏食の理由・「触覚的過敏」と「味覚において保守的」

　大人になってわかったのですが、もち米のもちもちっとした舌ざわりの中に、つぶれた小豆のざらっとした感触が突如混じり合うことが、どうしても許せなかったのです。そして今は？…… 偏食のない自分をとてもありがたいと思います。あのとき、食べ方を強制されたり、きつく叱られたりしなかったおかげだと思っています。

　わが息子もまた、幼児期には生野菜をまったく食べませんでした。保育園では、好きなものの間にレタスをひとひらはさみ、「先生がひと切れ食べたら、あっちゃんもひと切れね」とやさしくもねばり強く付き合ってくださった先生の熱意に負けて、やっとのことで食べていた時期もありました。

　今ではもうすっかり大人になった息子は、「野菜が足りない」と言って、自らレタスやきゅうりを探しては洗って食べています。あれほど忌み嫌っていたピーマンですら、「ピーマンはうまいなぁ」なんて言うんですから。それはもうビックリです。

　幼児期の「偏食」の理由としてもっとも考えられるのは、「触覚的過敏」と「味覚において保守的」なことです。

　「触覚的過敏」とは、私の場合のお赤飯のように、舌ざわりになんとも言えない生理的な嫌悪感があり、どうしても食べられないというものです。この場合、無理に食べさせようとすると逆効果です。

　「味覚において保守的」とは、「大丈夫」と思えるものでないと食べないということです。

「偏食の強い子」への おたすけヒント

1

● 触覚的過敏な子

大きく体を動かす遊びを十分に行い、生活全体を整えることが大切。

また、洋服の脱ぎ着の際にちょっと背中をさすってあげたり、ほっぺを強めにはさんでゴシゴシしたりして、体や顔全体の触覚の過敏を少しずつ減らしていくような働きかけをし、成長を待つ。

そのうちにだんだんと、いろいろなものが食べられるようになるかもしれません。

● 味覚において保守的な子

　味覚は、気持ちの安定と大きく関係します。大好きな人たちがこぞって「おいしいね」と言って、食べる姿を見続けていれば、だんだん食べられるようになるのはそのため。

　えび煎餅とコーラしか口にしない自閉症のお子さんが、栄養不良にもならず元気に活動し、いつの間にかいろいろなものを食べられるようになることもよく見聞きします。

　どちらの場合も偏食は、「今すぐ、ここでなんとかしよう！」と肩肘張って闘わず、周囲が「おいしいね」と食べて見せていれば、だんだんとなんとかなっていくことが多いものです。

　無理強いだけは禁物です。強制によってこじれさえしなければ、必ず改善されていきますから、長期的展望でのんびりいきましょう。

6

不器用な子

● 「お支度あるから保育園に行かない！」

　わが家の長男が４歳のころ。彼は元気いっぱいでお友だちが大好き
な保育園っ子でしたが、朝夕の「お支度」が大嫌いでした。「お支度
あるから、保育園行かない！」と、年中ごねていました。

　ところで、朝のお支度ってそんなに大変でしょうか？

　〈１、通園バッグのチャックを開ける　２、連絡帳を先生の机の上
の箱に入れる　３、タオルを出してフックにかける　４、通園バッグ
のチャックを閉める　５、通園バッグをバッグ用フックにかける〉

　若かりし母だった私は、「簡単じゃん！　なーんで、そんな簡単なこ
とがイヤなわけ？」と、息子の気持ちを理解してやれませんでした。

　その後いろいろ勉強した結果、「そうだったのか。叱ったりして気
の毒なことをしたな」と反省しきり、です。

● 不器用を体感してみよう

　なぜ、そんなにまで「お支度」がイヤだったのでしょうか？

　その気持ちを想像するためのよい方法があります。ゴム手袋をはめた上に軍手をはめ、その状態で通園バッグのチャックを開けて、タオルについているヒモをフックにかけ、連絡帳を出してみてください。なかなかうまくいかず、時間ばかりかかってイライラすると思います。

　私たちが、手や指を曲げ伸ばしするときには、手や指の関節や筋肉、腱などが伸び縮みしています。その際、1本ずつの筋肉や腱に埋め込まれているセンサーが、関節や筋肉の収縮の具合、腱の働き具合などを絶えず情報収集して脳に送り込んでいます。

　これを、「固有覚」と言います。情報をもとに、ちょうどいい手や指の動きを作り出しています。

　この「固有覚」の働きが鈍いと、まるでゴム手袋と軍手を重ねてはめたときのように雑な動きしかできなくなります。「指が不器用」なのではなく、「脳と神経が不器用」なのです。

　ボタンがうまくとめられない。箸が上手に使えない。牛乳をコップ
に注げない。お菓子の包装を開けられない……。

　不器用なためにできないこうしたことは、「指にくり返し覚えさせ
ればできる」という面も確かにあります。だから、つい特訓に走りが
ちですが、問題は、「脳の不器用」なので、そう簡単には改善されま
せん。苦手なことをやらされるプレッシャーは、子どもにとってよい
ものだとは言えません。では、どうしたらよいのでしょうか。

　冒頭でお話しした長男は、「じゃあ、先生と一緒にやろうね」と励
ましてくださる先生に恵まれて、なんとか「お支度」をがんばれまし
た。「やりなさい」ではなく、「一緒にやろうね」と言って支えてもら
えること。これが、その子の苦手意識を最小にしながら、がんばれる
秘訣です。園庭でのダイナミックな遊びも効果があったのでしょう。

　ときは流れ、40代になった彼は、ワイシャツのボタンも苦労なく
とめられる人になりました。固有覚も指先の動きも、成長と共に進歩
します。気長に見ていく姿勢も必要です。

● 楽しい運動遊びで細かい動きも改善

　指の動きの大もとは、手首や腕や肩、さらには体幹、体幹を支えるのは足腰。つまり、体全体を使う大きな動きを促すような、楽しい運動遊びをたくさん経験させてあげることが大切。

　体を上手に動かせるようになってくると、次第に、体の末端である手や指の細かい動きも改善されていきます。

7

突然叩いたり かんだり する子

● 何もしていないのに、どうして？

　Rくんは、3歳7カ月。「保育園で、そばにいる子をわけもなく突然叩いたり、かんだりするんです。謝ってばかりで、なんだか切なくなります」とお母さんは嘆きます。ことばは年齢に比べれば遅いけれど、一往復程度の会話は成り立ちます。遊びにも工夫があり、お母さんを頼りにしている様子があって、愛らしい坊やです。

　お部屋の中でRくんは、トラックの荷台に野菜のおもちゃをのせたりおろしたりの遊びに余念がありません。私は、部屋の隅でお母さんと話をしていました。もうひとりのST（言語聴覚士／ことばの先生）が、少し離れたところで彼の遊びをニコニコしながら見ていました。ふっと顔をあげたRくん、突然、目にもとまらぬ早業で近くにあったボールを「ビュン！」と彼女に投げつけました。それこそ、「何もしていないのに、どうして？」というシチュエーションです。

● 突然のことに驚いたのはその子自身

　ボールを投げられたSTは、「ごめん、ごめん。びっくりさせちゃったね」と言いました。ふつうなら、「突然ボール投げたら危ないでしょ、ダメよ」と言うはずの場面です。

　Rくんは、おそらく「注意の向け方」に何かの問題がありそうだと思われました。

　通常のお子さんは、遊びながら絶えず周囲にも気を配っています。「あ、あそこに人がいてぼくを見ているな」と。ところが、Rくんはトラックだけに注意を向けていて、他のものには注意が向いていません。その状態からふと顔をあげたら、知らない大人と目が合ってしまったので、「ギャ！」とびっくり。身を守るために思わずボールを投げつけた、というストーリーです。

　私たちだって、薄暗い部屋で押入れに首を突っ込んで一生懸命に探しものをしているときに、不意に後ろから肩をとんとんと叩かれると「ギャ！」と飛び上がり、「ああ、びっくりした。驚かさないでよ！」と言いますよね。

　多分、彼らは1日中「突然何かが起きる」状況に置かれているのです。いっときも安心していられません。そうなると、スキあらば攻撃となってしまうのです。

「突発的な攻撃（反撃）をする子」への おたすけヒント

　Rくんのようなお子さんは、人との距離の取り方にも独特の基準が あります。自分で「近すぎる！」と感じると、それこそ突然、そばに いる子を押したり、叩いたりしてしまいます。「近すぎるぞ、もっと 離れろよ」というメッセージです。

　そんな突然の行動を予防するために、できることがあります。

1

予告しながら近づく

成長と共に徐々にトラブル も減るでしょうが、それま での時期はなるべく事前に 予告、声をかけながら近づ きましょう。

2

子どもの表情を見ながら ゆったりと動く

動くときは子どもの表情 に注意しながら、ゆった りと動きます。

44

3

突発的な攻撃をかわせるように準備を

攻撃（反撃）があっても
避けられる態勢になって
おきます。

4

近づきすぎない・介入しすぎない

何かを手伝うときは、
あまり密着しないよう
にします。

　その子には、広めのスペース確保を心がけるとトラブルが減ること
もあります。もし、お友だちや先生を「突然」「理由もなく」叩いた
りかみついたりした、と見えた場合でも、頭ごなしに叱らずに、「何
か理由があったのかな」と考えてあげてください。わかろうとしてく
れる人がそばにいてくれること、それが一番大事です。

8

姿勢が
くずれやすい子

● ダラダラ、グニャグニャ

　姿勢が保てず、背中がグニャグニャ。イスからずり落ちそうになったり、机に伏せてみたり。歩いたり走ったりするときも、なんだかフラフラしている …… こんなお子さんは注意も散漫で、先生の言うことをよく聞きもらします。つい「〇〇ちゃん、ちゃんとしなさい。先生のお話をよく聞いて」と言いたくなります。

　「ちゃんとしなさい」と言われて「ちゃんと」できる子なら、それでOK。とはいえ、できれば、「ちゃんとしなさい」という抽象的な言い方ではなく、具体的に示してあげると親切でしょう。

　「イスを引いて」「お尻を奥のほうにのせようね」「机とおなかの間は、げんこつひとつ開けて」「そう、お背中をまっすぐにして手はおひざ」「そう、上手だね」「じゃあ、先生の言うこと聞いてね」「お耳の準備いい？ 聞こえるかな？」と。

● 平衡感覚がうまく働いていないのかも

　姿勢が定まらないだけでなく、意味もなく走り回ったり、ぴょんぴょん跳んだり、自分でくるくる回ったり、つま先立ちで歩いたりすることも見られます。

　落ち着きなく動き回る反面、ブランコや滑り台を怖がったり、はじめての場所や遊びを避けたりすることもあるので、臆病で怖がりのように見えることもあります。

　一見したところ、互いに関係ないように見えるこれらの行動も、「平衡感覚（前庭覚）のネットワークがうまく働いていないからかもしれない」と仮説を立ててみると理解しやすくなります。

「姿勢がくずれやすい子」への おたすけヒント

平衡感覚（前庭覚）とは、耳の奥にあり、姿勢や運動や動作をつかさどっている場所のことです。ここがうまく働かないとどうなるのか想像してみましょう。

もしかしたら、1日中、高層ビルのエレベーターに乗っているときのように、「フワーンとする」「ヒューッと落ちる感じがする」のかもしれません。

だとしたら、跳んだりはねたりして、自らイヤな感覚を振り払おうとするでしょうし、情緒的に不安定にもなろうというものです。

その上、平衡感覚は眼球の動きをコントロールする働きと関係が深いので、目的物に注目しようとしても目をうまく動かせず、先生の示すお手本をよく見ることができません。

気づいて見ると、イスからずり落ちている、先生が指示した内容はわからない、先生には注意される……と、ふんだりけったりです。むしゃくしゃするので隣の子をポカンと叩いてうさ晴らしをすることもあるかもしれません。

このように、姿勢がくずれやすい子や注意が散漫な子には、もしかしたらここにあげたような原因があるかもしれないと推測（「仮の理解」）をして、必要な対応をしてみましょう。

1

その子の好む運動的な遊びをする

ぐるぐる回る、ぴょんぴょん
跳ぶなど、運動的な遊びで、
その子の好むものやお散歩な
どの日課で十分に付き合う。

2

具体的でわかりやすい指示を出す

おしりをイスの奥にのせて。
手はおひざ。先生のほうを見
てね。

　何より大事なのは、「ぼくなんか何をやってもダメなんだ」という
うしろ向きの気持ちを生み出さないようにすることです。人にあたた
かく支えられたという体験が積み重なることで、うしろ向きの思いは
生まれづらくなります。

9

集団参加が
苦手な子

● 先生たちの悩みのタネ

　入園当初は、てんでんばらばらでも、夏休み前くらいになると、お
おむねみんなと歩調を合わせて集団生活が送れるようになる幼稚園の
年少（3歳児）さんたち。

　ひとりでひっそり静かなところで遊ぶのが好きだった私などは、2
歳や3歳で「みんなと一緒」に「同じことをする」ことを求めなくて
もいいのにと、いつも思うのですが、園の先生のお立場としては、そ
うも言ってもいられず、ご心配ですよね。

　そのお子さんは、なぜ「みんなと一緒」が苦手なのでしょうか？
まずは、生理面、環境面、そして心理面から理由を考えてみましょう。

　集団参加が苦手な場合、要因として考えられることのひとつは、「聴覚的な過敏」、「触覚的な過敏」です。感覚面の過敏は、本人にはどうにもできない生理的な特徴なので、まずは保育の場における音の環境を見直し、改善できることに取り組んでみましょう。

　「聴覚面」、「触覚面」の配慮をすると、子どもたちが見ちがえるように落ち着いて集団参加ができるようになることがあります。

1

● 聴覚が過敏な子

① 音が大きすぎる

　リトミックなどのピアノの音が大きすぎて不快なことも。音を小さめにする、伴奏の和音の数を減らすなどの工夫を。

② 先生の声のトーンが高い

　「みんなと一緒」に何かを「させよう」と思うと、先生の声のトーンが高くなりがちです。そのトーンに反応しての拒否感かもしれません。少し低めのおだやかな声を心がけて。

③ イスの音が苦手

　保育室のイスを動かす音が、ストレスのタネとなることも。使い古したテニスボールをイスの脚にはめるなどして、音を減らす工夫を。

2

● 触覚が過敏な子

① 他の子との距離が近すぎる

触覚が過敏な子は、他の子と予期せず触れ合うことが不快のタ
ネになることも。なるべく隅に近い場所、他の子との距離が確
保される場所、机の端のほうにイスを置いてみるなど、ほんの
10センチ程度でもずいぶんちがいます。

② 課題が触覚的にイヤ

・糊を使う製作ではネバっとした糊の感覚がイヤ、プールでは水の感触がイヤ、着替えるときにＴシャツの首が顔面を逆なでしていく感覚がイヤ、歯磨きでは口の中に異物が入るのがイヤなど、「どうしてそんなことが！？」と詰問されても、「だってイヤなんだもん！」としか答えられない「イヤさ」があるかもしれません。

・抱きあげられるのをイヤがる、頭をなでてあげようとするとすーっと遠ざかるなど、触覚面での過敏を思わせる行動がないか、観察してみましょう。

・触覚過敏でも好きなことなら取り組めます。泥んこが好きなら泥んこ遊びを、裸足が好きなら裸足で人工芝や石を敷き詰めた上を歩くなど、触覚入力を進める遊びをしてみましょう。

　人手があって、そのお子さんに対して、「ひとりでいる・やる」時間も保障してあげることができれば、さらに理想的です。

10

園では
まったくお話しして
くれない子

● 緘黙（かんもく）がみられるYちゃん

　Yちゃんは、先生の質問には「うん」「ううん」で答えるものの、園ではひと言も発しないお子さんでした。お迎えにきたお母さんと一緒に園の門を出たとたん、園でのできごとをぺちゃくちゃとかわいい声でお話しします。まるで別人のようです。

　このように、園ではひと言もお話ししてくれず、声すら出してくれないお子さんがいます。うなずいたり首を横に振ったりしてイエス・ノーを教えてくれることもありますが、まったく意志表示してくれず、能面のような無表情をつらぬくこともあります。

　発声発語器官の障害があって声が出せなかったり言えないわけではないのに、場面によって「声を出さない・ことばを言わない」状態を「場面緘黙」（かんもく）または「選択性緘黙」と呼びます。なぜこういうことが起きるのか、まだはっきりはわかっていません。

そのうちだんだんと……

　精神科領域では、治療の対象になる緘黙ですが、精神科の門を叩く
のは、よほど重症で困った事態になった例外的な人。緘黙は３、４歳
から始まり、６歳ころがピークとされています。保育園、幼稚園や学
齢期には決して珍しいことではありません。病気や障害というより
「状態」と考えたほうがいいのではないか、と私は思います。

　私の知り合いの児童精神科のお医者さんは「自分でお話ししようと
思ったら話すようになるんだから、周りがやいやい言わないのが一
番」と笑っていました。私も同感です。

　私がお会いしたお子さんも、また、人づてに聞いたお子さんのほと
んどは、みんな、ある日突然、または、そのうちだんだんとお話しす
るようになりました。つまり、自然改善という経過をたどるのです。

　「お話ししないのは、さぞかし不便だろう」「接し方次第で改善する
のなら、なんとかしてあげたい」と周囲は考えがちですが、本人は意
外と困っていないこともあります。

1

並んで一緒に何かをする

向かい合って「やらせる人」「やらされる人」という関係にならず、　同じ方向を向いて、一緒に楽しむというスタンスを取る。

2

体を使って楽しめる場面を作る

粘土やレゴなどで何かを作るなど、話しことば以外の体を使って楽しめる場面や表現できる場面をを作る。

3

視線を送るときは控えめに

「ねえねえ、やろうよ！」と子どもを無理に誘わない。視線を送るときも、「先生は楽しいと思うんだけど、あなたにはどうかな？」と控えめに。

4

- 無理に話させようとしない

- 話さないことを、その子の前で話題にしない

- 話してくれたときも大げさに喜ばず、淡々としている

　一番大事なことは、「まだお話ししないという特徴を持っているあなたのこと、丸ごと大切に思っているよ」というメッセージを伝え続けること。なんとかして話させよう、意思表示させようと働きかければ働きかけるほど、その子にとっては負担になってしまいます。

　「この人と一緒にいると安心」。そういう関係を作ることが何よりも大切です。信頼できる相談機関があれば、連携しましょう。

11

場面や気持ちの切り替えがむずかしい子

● 何度も前もって伝えた「はず」なのに……

今日は３歳児の身体測定。そのことは、昨日子どもたちに伝えました。お母さんにもお迎えのときに伝えました。Ｍちゃんも横にいたのできっと聞こえていたと思います。今朝、登園時にも「今日は身体測定があるからね」と個別に声かけしました。

登園後の自由遊び、Ｍちゃんはあまり熱中しているようには見えません。他の子もだいたい落ち着いてきたので、「さあ、おもちゃの片付けをしましょう。身体測定に行くよ」と声をかけました。すると、Ｍちゃんはキッと先生をにらんで、ブロックをぎゅっとにぎりしめます。「片付けようね」と言うと、ブロックの容器ごと抱え込んで抵抗の構え。他の子はどんどん整列して、身体測定に行く用意ができました。Ｍちゃんは、ついに大泣き。

あなたならこんなとき、どうしますか？

伝わった「はず」は「ない」ものと考える

　大泣きするMちゃんからブロックを取り上げ、抱きかかえて連れて行くか、遊んでいるMちゃんを放置して他の子だけ連れて身体測定に行くか。ふたつにひとつの選択を迫られます。「あーあ、朝から大変。もう、疲れちゃう……」。

　お母さんの横にいたからMちゃんも聞いていた「はず」。全員に伝えたからMちゃんも知っている「はず」。こうした、伝わった「はず」は、ないものと考えたほうが得策です。

　お迎えの時間、お母さんの袖にぶら下がってはいたけれど、ちょうど砂場で遊んでいるお友だちのスコップさばきに見とれていて、先生とお母さんの話す声はまったく耳に入っていなかった可能性は大きいでしょう。先生が全員に説明をしていたときも、たまたま中指のささくれをいじっていて、お話が耳に入っていなかったかもしれません。

　身体測定があるのがわかっていたとしても、まさかそれが自由遊びの直後とは夢にも思っていなかったので、Mちゃんは気持ちを切り替えることができなかったのかもしれません。

「切り替えがむずかしい子」への おたすけヒント

　このように、環境を整理しても場面の切り替えがうまくいかないときは、言語理解が悪い、自己コントロールが未熟など、本人側の要因の可能性を探ってみる必要があります。

1

● ていねいな説明「いつ／どこで／誰が／何を／どうする」

「自由遊びは 9 時 40 分までね」（時計の 8 にわかりやすい印をつける）「医務室に行って」「身体測定するよ」「お洋服は脱ぐんだよ」など、ていねいな事前の情報提供を心がける。

2

● 早めの予告

「そろそろおしまいにしようね、もう少しで身体測定に行くよ」と早めに何度か予告をする。

3

● 目で見てわかる工夫

身長体重計の絵を黒板に
描いておく、厚紙で簡単
に作った模型を黒板に
貼っておくなど、さりげ
なく「身体測定」関連の
情報が目から入ってくる
ようにしておく。

4

● スケジュールの予告

「お支度」「トイレ」「自由
遊び」「散歩」「手洗い」「給
食」などの絵のカードを
黒板に順番に貼り、その
日の予定が一目でわかる
ように表示する。

　「次は何するの？」と、そのスケジュールボードを見て安心する子は
他にもいるはず。Mちゃんへの配慮は、他の全員の子のためにもなり
ます。

12

ユ ニークで
風変わりな子

きょうは
きんよーび
です

ちなみに
きょうの
ゆーしょくは
カレー
ライスです

● 超・ユニークな子どもたち

保育園年齢の子どもたちは、超・ユニークですが、あなたの園に、
例えば、こんなお子さんたちはいませんか？

● 赤ちゃんのころ

おとなしくて手がかからない
／視線は合わないわけではな
いが、心が通い合っている実
感が持ちにくい／人とのかか
わりよりモノで遊んでいるほ
うが楽しそう／指さしがなか
なか出ない／揺れるカーテン
や、葉っぱがそよぐのをうっ
とりといつまでも見ている

● ２、３歳のころ

ひとりで遊んでいることが
多い／ずっと同じ遊びに熱
中する（こだわる）／こと
ばが遅くても、出始めたら
どんどんおしゃべりに。な
んとなくセリフのようなイ
ントネーションだと思える
ときもある／大人のような
言い回しをする

● ４、５歳のころ

自分の言いたいことばかり
話して相手の話を聞かない
／とても記憶がよくて物知
り／予定が急に変わると
怒ったり泣いたりする／暗
黙のルールがわからない／
無遠慮な感じ

フラッシュバックに苦しんでいることも

　ユニークで風変わりな子で、聴覚・触覚過敏を合わせ持っていたら、もしかしたら自閉スペクトラム症の傾向があるのかもしれません。もちろん、そうと決めつけるのは危険です。小さいときは「超」がつくほどユニークでも、次第に世界が広がり、みんなと一緒に無理なくやっていけるようになる子も多いのですから。

　でも、「もしかしたら？」という配慮は必要です。もしもそのお子さんが自閉スペクトラム症だとしたら、無理強いしたり叱りすぎたりすると、成長してのちに、フラッシュバック、タイムスリップと呼ばれる現象に苦しむことになるかもしれないからです。

　フラッシュバック、タイムスリップは、あることがきっかけで、過去に経験したイヤな思い出が一挙に噴き出てきてしまうことです。

　例えば、食事の際、りんごをひと切れ床に落としたとたん、「幼いとき、駅弁に入っていた缶詰めのミカンを電車の床に落としてしまい、拾って食べようとしたらお母さんに厳しく止められた」という場面が、まるで今のことのように詳細によみがえり、「ちくしょー、食べたかったのに、紙で包んで捨てやがって！　一生許さない！」などと言ってガンガン机を叩いて叫んでしまう、というようなことです。

　通常ならこうしたイヤな思い出は、時と共に薄らいでいきますが、彼（彼女）らの場合は、生々しいまま記憶に蓄積されているらしいのです。

1

イヤな記憶をひとつでも少なくする

子どもを育てる道のりは、子どもの好きに任せていい場面だけではなく、身辺自立やしつけなど、ときとして毅然とすべきときも。しかし、その場合でも、「この先生は、ぼく（わたし）に寄り添ってくれているんだ」との実感を持ってもらえるように、「私はあなたの行動を止めるけれど、あなたの存在を否定しているのではない」「こういう理由でやっていること」と、きちんとことばやジェスチャーで、相手に伝わる伝え方で伝えることが大切です。

　イヤな記憶をひとつでも少なくするようなかかわり。それは実は、ユニークな子、風変わりな子に限らず、クラスのすべての子どもにとって大事なことです。

● 感覚統合の考え方と遊びの意味

　10ページから16ページのAからMまでのいろいろな気になる行動には、それぞれ、原因があるようでしたね。しかも、その原因はどうやら共通して「脳の働き方の不具合」によるもののようでした。

　脳の構造を簡単に示すと「電線」と「豆電球」で成り立っているようなものです。

　大脳が働くとは、豆電球がピカピカ光ることなのですが、そのためには、豆電球に向かって電気がスムーズに流れるよう電線を整備しなくてはなりません。

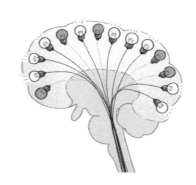

　「脳の働き方に、ちょっとした不具合があるかもしれない子どもたち」は、電線が細くて電気がうまく流れなかったり、つまり気味だったりする可能性があります。

　そういう子どもたちには、意識的に体を動かして元気に遊ぶことで、電気が通りやすいよう電線を整備することができます。これが、感覚統合を進めるかかわりということです。

　このことは、「気になる子」にとっては、とても大事なことですが、それ以外の多数派の子どもの育ちにとっても、とても大事なのです。

　「特別な子に」「特別なこと」をする、のではなく、すべての子どもが力いっぱい遊べる環境を作り出すことが、大切です。

　具体的な遊び方やその裏づけとなる考え方は、150ページに紹介した本をごらんください。

2章

子どもを
支える
配慮と工夫

"困っている子"への配慮は、
保育や教育の充実につながる

－ －

● ひとりへの配慮が、みんなのために

　ある小学校の先生が、こんな話をしてくださいました。

　──「以前、クラスに難聴のお子さんがいたことがあります。私の
話し方は早口でわかりにくいのですが、その子がいたころは、ゆっく
り、はっきり、わかりやすく話すように努力していました。

　話したあともその子に注意を払い、わかっていないようなら、もう
一度くり返したり、説明の仕方を変えたりもしました。

　しかし、そのお子さんの担任からはずれたとたんに、また、元通り
の早口に戻ってしまいました。今思うと、そのお子さんがいた年は、
クラス全体が落ち着いて、子どもたちも授業に集中してくれていたよ
うな気がします。

　これがきっと、特別支援教育の考え方なんですね。あの子がいてく
れたおかげで、他の子も助かっていたんですよね」

　通常のお子さんたちは、教え方が少々雑でも、わかりにくい指示の
出し方でも、けなげにがまんして先生についてきてくれます。

　けれども、障害のある子どもたちはそうはいきません。どのように

伝えたら理解できるのか、子どもの様子をよく見ながら、教材を細かく吟味し、スモールステップに分けて教えていかないと、興味を失い、パーッと教室の外に飛んでいったり、イスをガッタンガッタンさせて集中が途切れてしまったりします。

　障害のある子、配慮の必要な子にも興味が持てる課題設定をしたり、ことばのかけ方、お手本の示し方を工夫したりすることで、保育や教育の中味が充実し、クラスの他の子どもたちも安心でき、健やかに育つことが保障されます。

　これが、「障害児教育は教育の原点」と言われるゆえんです。"配慮の必要な子"は、先生にとっての教科書なのです。もちろん、「すべて先生の指導力の問題」と言うつもりはありません。「先生の加配などの必要性は前提」としての話、とお断りしておきます。

● 生理面の配慮から望ましい行動を増やす

　あなたのクラスに、今までのやり方が通じない子はいませんか？
そんなときは、「どうしてできないの！」「他のみんなはできるのよ！」
と言ってしまう前に、「どういう理由でできないのかな？」と、子ど
もの側の事情を生理面、心理面から想像する余地を持ちたいものです。

　そのために必要になるのが、生理面での知識です。と言っても、と
りわけ専門的な知識は必要ありません。「脳の神経の電線のつながり
具合が、通常のお子さんとちょっとちがってユニークにできているの
かな？」という程度の理解で十分です。（詳しくは、66ページをごらんく
ださい）

　脳の働き方の特性は、たやすく変わるものではありませんが、生理
的な制約があっても、その中で望ましい行動を増やしていくことはで
きます。そのための配慮は、とても大切です。

　子どもが指示に従えずに望ましくない行動をするのは、生理的な制
約から指示が聞き取りにくいのかもしれないと仮に考えて、聞き取り
やすい指示を出すように大人側が工夫する、すると、あら不思議！ち
ゃんと指示を聞いてくれるようになり、望ましい行動が出現するとい
うことです。

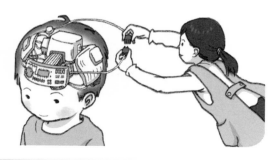

● 苦手なことをできるようにするには？

あなたは、お箸を使うのが苦手な子には、どんな手立てを講じていますか？ スキップが苦手な子には、どんな教え方をしていますか？

多分、無意識のうちに、お箸の使い方やスキップするためのプロセスの「どの部分」が「どう、うまくいかないのか」を観察し、そこを克服できるようわかりやすくアドバイスしたり、お手本を示したりしているはずです。

日々行っているそうした工夫が、実は、「一人ひとりのニーズに応じた支援」なのです。お箸やスキップを上手に教えられるのですから、「落ち着きがない」「お友だちと交われない」「お水をイヤがる」などの"苦手"や"特性"にも、必ず上手に応じてあげられるはずです。

保育とは、"支援を必要とする子ども"に次々と支援をくり出すことなのだと思います。

1 目で見て わかる支援

● すべての子どもに有効な「目で見てわかる支援」

　障害や診断名のあるなしにかかわらず、すべての子どもに有効なのは「視覚的な支え」や「目で見てわかる支援」です。

　私たちの日常生活を考えてみるとよくわかります。はじめて行った場所でもトイレにたどり着けるのは、誰でもひと目でわかるトイレマークが道案内をしてくれるからです。トイレの入り口にもトイレマークが貼ってあるからです。

　子どもたちの下駄箱にも、ひとりずつちがうマークや名前が貼ってあるので、自分の靴を入れる場所を間違うことはほとんどありません。それを少し広げるだけでいいのです。

　小さな工夫で、子どもは大助かり。園内のさまざまな場所、保育のあらゆる場面を「見」直してみましょう。

1 目で見てわかる "苦手なこと" への 支援

支援 1 絵で描いてあらかじめ示す「スケジュールボード」

日課を、順番に簡単な絵で描いて掲示しておきます。

きょうのよてい

＊朝のお集まりのときに、説明するのもいいでしょう。
日課は固定したカードを作り、その日の特別行事を書き加えてもいいでしょう。

抽象的な指示語を減らし、テープなどで場所を示す

「ここ」「そこ」などの抽象的なことばを減らし、具体的に示します。

「そのへんに集まって並んで」と言う代わりに、緑のテープを貼って「緑のテープのところに並んでね」。

リトミックのスタート地点の床に「赤いテープのところから始めるよ」と、テープを貼ります。

園庭で丸く走るときには、先生がイメージする「丸」の大きさをチョークや棒で書いて示します。

2 目で見てわかる "苦手なこと" への 工夫

発達障害のある子は、音は聞こえていても、聞こえた音を分析・理解する耳や脳の働きに支障があるため、先生の話を理解することが困難な状態です。目で見てわかる工夫が、親切です。

 工夫1 ことばで言うだけではなく、実物を示す

「靴を はこうね」
靴を持ったり、指さしたりしながら言います。

「ごみは ここに 捨てるよ」
ごみを捨てるところを見せる。

工夫 2　ジェスチャーを多く使う

・「靴をはいたら、お外で三輪車に乗ろうか？」→お外を「指さし」
　ながら、または、お外を見ながら、三輪車を「こぐまね」をした
　り、三輪車を「指さし」たりします。
・「お部屋の戸、閉めてきて」→「閉める」動作をします。
・「寒かったね」→ ぶるぶると「震える」動作をします。

　ことばが使えるからとっくに身振り言語は卒業しているはず、と思
われる年齢でも、ジェスチャーは「何について話されているのか」を
限定し、理解する手がかりになります。

　「耳の聞こえていない子なら、私はどうしてあげるかな？」「自分が
ことばの通じない外国に行ったとき、どのように接してもらえると助
かるかな？」と想像してみると助けになります。

　また、「人間は静止しているものより動いているものに注目する」
特性を持っています。注意がそれやすい子も、ジェスチャーの動きが
あると、注意を向けやすくなります。

工夫 3　絵解き（図解）する

　「お袖をこうやって」と何度もていねいに教えても、衣服をきれいにたためない子がいます。なげやりでだらしないわけではありません。

　行動を順序立てて考えることや、空間でのものの位置関係を読み取ることが苦手なことが考えられます。

　洋服をたたむ手順を、（1）「袖をたたむ」→（2）「反対側の袖をたたむ」→（3）「身ごろをふたつ折り」……と、1段階ずつ図解したものを作ると、ちゃんとできるかもしれません。

　1ページに数枚の絵が並んでいるとわかりにくい場合には、1ページに1枚を配置し、1段階終わるごとにページをめくるようにします。

　「きちんと四角くたためると気持ちがよく、探しやすくて便利」というプラスの経験をたくさんさせてあげたいものです。

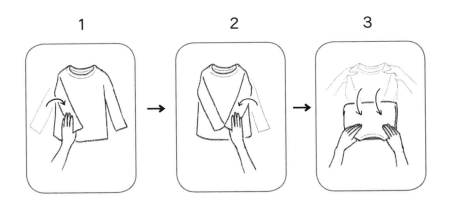

工夫4 お部屋の中の装飾や配置を見直す

　先生の説明に注目したくても、お部屋の飾りつけやロッカーからはみ出したバッグ、床に散らばっているブロックなどが視野に入って、注目を阻害していることもあります。

　カーテンはヒモで固定してはためかないようにする、室内装飾は少なめに、ロッカーの整理かごは色をそろえるなど、過剰な刺激を避ける工夫をします。

↓

工夫 5　注目してほしいときの "しるし" を決める

　「先生のお話を聞いてほしいとき」用の小型ペープサート（うちわ型紙人形）などをエプロンのポケットに常備し、「お話聞いてね」のときに頭の上や、顔の横に提示するのも効果的です。

　子どもたちの注目がそろうまでは「動かしながら提示する」のがポイントです。

　「〇」「×」のカードをポケットに忍ばせておき、「今のは〇」と言いながらそのカードを示すのもわかりやすくする工夫です。

　サッカーでは、「退場！」と口で言う代わりにレッドカードを示します。これは世界中の誰もがわかる工夫ですね。

2 わかりやすい 話し方

● さらにしっかりと伝わるように

　先生が、「さあ、手を洗いますよ」と言ったら、子どもにも「さあ、手を洗いますよ」と聞こえているのでしょうか。10人のうちの9人にはそう聞こえているとしても、まったくちがう聞こえ方の子どもがいる可能性があります。「耳」ではなく「脳」の働きがちがうためです。「さあ、手を洗いますよ」の音の順番は、「s-a-a-t-e-o-a-r-a-i-m-a-s-u-y-o」です。脳の中の電線が接触不良で、音が途切れ途切れになる脳の持ち主には、これが、「s-a-(a)-t-e-(o)-a-(r)-a-(i)-m-a-s-(u)-y-o」、つまり「サテアアマシヨ」と聞こえてしまうことがあるのです。意味不明な音のつながりで途方に暮れます。

　そういう状態を避けるためにも、これまでにお話しした「目で見てわかる支援」が必要です。そして、さらに話し方についても工夫をすると、もっとしっかりと伝わるようになるはずです。

1　しっかり伝わる話し方の 工夫

工夫 1　ゆっくり、はっきり話す

　脳内での音の分析速度が遅いと、処理能力を超えた速度で次々に音が入ってくるとお手上げです。私たちが外国語を聞く場合と同じで、ゆっくりと話してくれたら実にありがたいものです。

　また、ひとつずつの音が明瞭であることも理解の助けになります。ちょっと大げさかと思うくらいに口を大きく開けて話すとちょうどいいでしょう。

工夫 2　短い文章で話す

　「歯をみがいたら、パジャマに着替えますよ」と長い文章で早口に話さず、なるべく短く、簡潔な文章で話します。

　「歯をみがくよ」「パジャマに着替えるよ」とひとつずつの動作を分けて伝えるとわかりやすくなります。

　「（紙の）カドを合わせて糊をつけます」「え？　どうやるの？」「今、言ったよ。ちゃんと聞いてなかったの？」と、いつも注意されてしまう子がいます。不注意、気持ちが散漫で「よく聞いていない」子もいるでしょうが、中には、一度聞いただけでは腑に落ちない、わからない、という子もいるでしょう。

　「よく聞いていないから」と相手を責める代わりに、「よく聞いていなくてもわかる」話し方をしてあげましょう。

　「（紙の）カドのところ」「そう、カド。ここがカド、ね」「カドとカドを合わせます」「こうやって合わせます」「合わせたかな？」「合わせたら、そこに、糊をつけます」「糊です」と、くり返しを意識的に増やして話します。

工夫 4　合間で「わかったかな？」と確認

　「わかるのが当たり前」なのではなくて、「わからない子がいるのが
当たり前」というスタンスに切り替えましょう。

　クラスへの声かけや指示の合間には、「わかったかな？」「わからな
かった人？」とたずねることを習慣にします。

　「わからなかったら先生に聞いてもいいんだ」と思えることは、子
どもの安心感、安全感につながり、逆に「よく聞こう」という気持ち
を育てます。

2 子どもを見ながら話し方の工夫を アレンジ

　子どもたちの中には、注意を向けるやり方が多数派の子どもたちとはちょっとちがう子がいます。「不注意」「興味がない」のではなく、実際に先生の指示やお話が耳に入らないのです。また、時間の流れを把握したり、見通しを立てるのが苦手な子もいます。

　それぞれのお子さんに合わせて、もっとわかりやすい話し方になる工夫ができます。

 ### アレンジ 1　名前を呼んでから指示を伝える

　ほとんどのお子さんが聞いているのに、聞いていない様子のお子さんがいるときは、ぐるぐる回るアンテナが今はこちらに向いていないのだと想像するとよいでしょう。

　その方向を向いたときだけは音を拾うけれど、横に向いているときには音が入らないアンテナなのです。

　その場合、「さあ、みなさん」と話しかけても、先生の声がアタマの上をす通りしてしまうだけ。「さあ、みなさん」の他に、もうひと言、「〇〇ちゃん」と名前を呼んでから指示を伝えるようにしてみましょう。名前を呼ばれることで、アンテナがぐるっと先生の方向に向き、聞き方の度合いが向上します。

名前を呼ぶときには、「まったく、いつも不注意なんだから！」と、叱ったりとがめたりしているようなニュアンスを込めず、淡々と呼んであげてください。「名前を呼ぶことで、ちょっとでも聞き取りやすくなりますように」という願いを込めましょう。

アレンジ 2　始めと終わりをはっきりさせる

　先生は、子どもたちとの暮らしの中で「さあ、始めるよ！」とか、「はい、おしまい！」という声かけを無意識に行っています。これは、「さあ！」に続く主題が「はい、おしまい！」とか「できたね！」ということばで終了することを伝えています。
　自分では、時間の流れや動作の見通しを上手に持てない子には、外部から時間に刻み目を入れてもらえると、行動を組み立てるための手がかりになります。

視線を向けて伝える

　きちんと聞いてほしいことがある場合は、子どもの目の高さに合わせて体をかがめ、視線を合わせて話しますよね。これは、一斉声かけの場合も基本は同じです。相手が集団であっても、一人ひとりに先生の声やことばを届かせる必要があります。ひとりずつに視線を向け、目を合わせながら話しましょう。

　ただし、中には、「目を合わせる相手の目に気を取られて、話の中味が聞き取れなくなってしまう」「横並びの位置でさりげなく話してもらえると理解しやすい」子もいます。

　一律に"こうだ"と決めてしまわず、ひとりずつの子どもの表情や目の動きを見て、伝わったかどうか確かめながら話す、という姿勢はいつでもどこでも大事です。

③ もっとわかりやすくするために

　支援の必要な子どもに通じるように話し方をスキルアップすると、通常のお子さんの生活も、きっとスムーズにいくはずです。

もっと 1　身振り、手振りを交えて話す

　「目で見てわかる」でも触れましたが、人間は、静止しているものより動いているものに注目し、また、動きと音が同時に与えられると、その刺激に強く注目する、という習性を持っています。

　音を消したテレビだと、そんなに一生懸命見ないですみますが、音と画像が同時に提示されると、ほとんど自動的に画面に釘付けになるのは、その習性のためです。

　大きな身振りを添えながら話すと、何もせずに声だけで話すときよりも格段と注目度が高くなります。

姿勢を整えてから話し始める

　「これから先生がお話しします」「静かにしてよく聞いてね」という声かけは、たいていの先生がします。

　ただ、「居ずまいを正して聞く」と言うように、声かけ以前に、「注意を向けて聞く」ために姿勢を正すことが大事です。

　背中がぐんにゃりしているときは、注意力も低下して、耳の感度も悪くなっています。一方、背中がピン！としているときは、注意力もピン！　耳の感度も向上中です。

　ですから、「静かにしてよく聞いてね」の前に、「おイスを引いて」とか「おヘソを先生のほうに向けて」など、姿勢がピン！となるような声かけをするといいと思います。

　なかなかピン！となれない子には、「ピン！ピン！」とことばでの指示を連発するより、そばに行って背中をトントンと軽くさわってあげると、その刺激によって姿勢がピンとなるはずです。

もっと 3　同じものに注目しながら話す

　ふたり以上の人が同じものに注目を向けることを、「共同注意」と言います。ことばやコミュニケーションの育ちに不可欠な能力です。話が通じにくい傾向のあるお子さんには、「ほら、見て」と大人が働きかけて注意を向けさせるかかわりは得策ではありません。

　代わりに、そのお子さんの視線の先にあるものに大人が目を向けてあげて、「あ、風鈴が揺れているのを見つけたのね」など、そのものについて話しかけることが有効です。

もっと 4　絵本はまたとない題材

　「同じものに注目」という意味では、絵本はまさにもってこいの教材です。ストーリーを追う「読み聞かせ」にこだわらず、子どもが興味を示したものに、ていねいなことばを添えていくことが大事です。

　パラパラめくってしまう場合も多いでしょうが、その場合も、パラパラする合間合間で、子どもの視線が止まる絵をキャッチして、その絵について話しかけるといいでしょう。

もっと 5 体を動かしながらの声かけ

「えいっ！」とか「ぽーん」とか「よいしょ」「バイバイ」を子ども
たちが早い時期に覚えて言えるようになるのはどうしてでしょうか？

発音しやすい音でできている、とか、場面に合っているから、とい
うことも要因のひとつですが、私は、「体が動くのと一緒に声を出す」
からだと考えています。

体が動くと頭も活発に働くので、声も出やすくなっています。そう
いうときに聞いたことばは、覚えもいいようです。

「子ども“に”話しかける」と考えるより、「子ども“と”一緒に何
かをやりながら、楽しいことを話す」ことで、子どもたちにことばが
届きます。気をラクにして、子どもたちとのおしゃべりを楽しんでく
ださい。

4 気をつけたい声の出し方

　子どもに届く声ってどんな声でしょう？　ここまで話し方について述べてきましたが、私たちは、声に対して意外に無頓着です。「声を相手に届ける」という気持ちを大切に、声の出し方について考えてみましょう。

声1　口角を引いて、明るい声で

　子どもが思わず聞きたくなるような声で話せたらよいのですが、何しろ声は天性のものです。肺から出る空気が声帯を振動させ、その振動音が頭蓋骨や口の中で共鳴して声になります。頭蓋骨の形や顔の造作がひとりずつ全部ちがうため、共鳴の具合もちがいます。

　声は天性のものと言いましたが、細工を加える余地はあります。頭蓋骨の形は変えられませんが、口の形は変えられるからです。

　写真を撮るときに「チーズ！」と言うときのように、口角をぎゅっと引いて「こんにちは！」と言ってみましょう。少しだけトーンの高い、明るい声になります。

　次は、タコの口のように口を尖らして「こんにちは」と言ってみましょう。低くて、なんだかドスの利いた声になりますね。

　あなたなら、どちらの声を聞きたくなりますか？

声 2 大きな声より、近づいて小さめの声で

　先生が、園庭の向こうにいる子に、保育室から大きな声で指示している光景をよく見かけます。その声は、果たして子どもに届いているのでしょうか。実のところ、遠くまで届かせようと出した大きな声は、空中に拡散してしまい、目標となる人に届かないことが多いのです。

　それよりも、近くに行って、子どものそばに身をかがめて小さなささやき声で言ってみてください。子どもは「耳をすまして」聞こうとするでしょう。

　小さい声だと、注意深く耳をすまさないと聞き取れません。そしてもうひとつ、「近くに寄る＝伝えようとする強い意志」、いわば、話し手側の迫力を感じるからでしょう。

　多くの子どもを見なければならないのに、いちいち近くまで行っていられない。そういう事情もわかります。だとしたら、「どういう声が相手に届く声なのか？」と自問自答しながら、声を、ことばを発してみてください。

声 3 　聞いて心地よい、音楽のような話し方

　最後に、「耳に心地よい」「まるで音楽のような」話し方をしましょう、という提案です。保育園や幼稚園の生活では、伝えなければならない「意味」が優先され、「指示」や「命令」の場面がどうしても多くなります。そこで提案したいのは、ことばの途中や、語尾の音を延ばし気味にする、という工夫です。「へぇー、そうだったんだー」とか、「さなちゃん、お片づけするよー」という具合に、です。

　音を延ばすということは、息を長く吐くということ。息を吐くと副交感神経優位のリラックスの状態になり……と、科学的な理由もあるようです。

　まあそんな理由はともあれ、大人だって、ことばの間に「ー」の入る話し方をする人と一緒にいると、なんとも穏やかな気持ちになれるものです。子どもたちを、音楽のようなことばの流れにうまくのせることができたら、無理なくすーっと動いてくれるはずです。

　どうぞ、試してみてください。

●「手伝って」「助けて」と言える子に育てるために

　集団活動からはずれたり、みんなのペースに合わない子どもたちは気がかりな存在です。他の子がラクラクとできる、いろいろなことをできないのは、甘えやなまけではなく、脳の働きのうまくいかなさ（特性）や発達の未熟さに由来しています。

　そんな少数派の子どもたちに必要なのは、あたたかな見守りと、適切な支えです。それはよくわかっています。でも、20人、30人のクラスの中では、なかなかそれをしてあげられません。「療育を勧めたほうがいいのではないか」と思われることも多いでしょう。

　確かに、療育に通うと一様に子どもたちに伸びがみられます。療育は、園の集団よりも人数が少なく、発達を促すための工夫が蓄積されていて、それぞれの子どもに合わせた教え方、ていねいな支え方ができるからです。

　しかし、療育を勧めても保護者が拒否される場合や、保護者は療育が必要とわかっていても通えない事情がある場合もあります。

　2章で紹介したのは、療育の分野で効果的とされているかかわり方のうち、通常の集団でも適用できそうな工夫やヒントです。園の集団の中でも個別配慮と支えは、不可能ではありません。

　「"よく育ったADHD"の見本」と言われる、「NPO法人えじそんくらぶ」の高山恵子さんは、著書『おっちょこちょいにつけるクスリ』（ぶどう社）の中で、こんなエピソードを紹介しています。

　おっちょこちょいでおしゃべりで気が散りやすい子だった恵子ちゃんは、幼稚園の発表会の本番で、セリフを完全に忘れてしまいま

す。そこで、お隣の子に「なんて言うんだっけ？」と大きな声で聞いて、教えてもらいました。観客は笑いましたが、臆することなくセリフを言い終えました。舞台そでに引き上げてきた恵子ちゃんに、担任の先生は「よく聞けたね」そして、「みんなが笑ったのに続けられて、えらかったね」とほめてくださったそうです。

　「このことが、私の人生を支えることばになりました」と高山さんは言います。「できないことがあったら、助けてもらえばいいんだ」と。

　みんな（多数派の子ども）と比べると、できないことが多い子どもにとって、集団生活は不安や心配に満ちています。周りのスピードについて行けない、先生の説明が理解できない、やろうと思ってもうまくできない……そんな不安の中、できないと叱られるのではなく、「こうだよ」と手を添えて教えてもらえたら、どんなに安心でしょう。
　今後の人生でも、困ったときには「手伝って」「助けて」と言える子になるにちがいありません。人に助けを求める能力は、一生を通して大事なスキルですが、それは、支えられて育つ中でこそ育ちます。
　「いつかはできるようになるから」とあたたかく見守る態度も一方で必要ですが、度が過ぎて「君にはムリだから、できなくてもいいよ」と見過ごす結果になってしまっては、大人としての責任を果たしていることにはなりません。
　「できるようにしてあげたい」という先生としての願いを実現するために、療育分野の知識やスキルを積極的に応用しましょう。

3章

こんなとき
どうすれば
いい？

子どもの課題は大人への出題

－－－－－－－－－－－－－－－－－－－－－－－

　保育園や子ども園、幼稚園では、「まだ○○ができない●●ちゃん」「くり返し教えても○○が身につかない●●ちゃん」という“足りないところ探し”“欠けたもの探し”の考え方がいまだに色濃く残っているように思います。

　「まだ○○ができない●●ちゃん」という見方を「これから○○を身につけることを“課題としている”●●ちゃん」という見方に切り替えるとどうでしょう。すると、その子へのかかわり方は、大きく変わります。

　「私たちの教え方でうまくいかない子どもには、その子の学び方で教えなさい」、これは、特別支援教育の有名なフレーズです。今までの知識と経験で教えてもうまくできない「●●ちゃん」がいるとしても、それは「●●ちゃん」が悪いのではありません。「今までのやり方では通用しない●●ちゃんがいる」ということなのだ、と考えてみましょう。

　つまり、「新たなやり方を工夫し、開拓する」という先生自身への課題が与えられたということです。この課題をクリアできれば、先生の保育の幅は今まで以上に広がるはずです。

　この章では、子どもの見せる行動に「どう、かかわればよいのか」を、一緒に考えていきたいと思います。

① 登園しぶりがあるとき

● 登園したくない、お母さんと離れられない

　毎朝、登園がスムーズにできない、お母さんとなかなか離れられない、お部屋に入れないときなど、どんな理由が考えられるでしょうか。こうした登園しぶりは通常のお子さんにもよくありますが、中には、障害や特別な感覚がベースにある、配慮の必要な子に起きることがあります。

　まずは、その状態がどのくらいの期間続いているのかを把握します。先生との信頼関係が築かれたあともその状態が続くのか、曜日や登園してくる時間による差、登園時に連れてくる人による差がないか、など、観察とデータ収集を行います。その後、次のような視点から見直してみましょう。

1 生活リズム、前日の生活のチェック

これは、みなさんが無意識のうちに行っているでしょう。特に、育ちにくさ、慣れにくさを持つお子さんの気力や意欲は、生活リズムに大きく影響されます。

2 人がたくさんいるところが苦手

人がたくさんいるところに入って行くのが、苦手な場合があります。人数の少ないうちに登園して場所になじみ、そこから徐々に他の子の登園を迎えるようにすると、ラクになる場合があります。

3 音がうるさいところが苦手

2と同様に、徐々にうるさくなっていくことには順応しやすいので、早めの時間に登園するようにトライしてみましょう。

4 先生の元気なあいさつが苦手

　園の先生は、だいたいの方が大きな声で目を見てあいさつをします。聴覚過敏があると、これが想像以上につらい場合があります。そばに近づき、ささやき声で「おはよう」と言うとホッとしているようなら、その子には小さな声で話しかけるようにします。

　正面から目をのぞき込まれるのが苦手な子もいます。横に並ぶような感じで、さりげなく「おはよ」と言ってみてください。また、子どもが小さな声でしかお返事しなくても、それでOKとしましょう。

5 お支度の順番がわからない

　遊びたい気持ちはあるのに、お支度の順番がわからなくて心配になってしまう場合があります。

　「お母さんと一緒にやっていいんだよ」「覚えるまで先生が手伝うよ」と伝え、手順をわかりやすく図解（目で見えるように工夫）した

ものをお部屋の中に掲示しておくと、とてもラクになります。

6　お部屋の中に嫌いなものがある

　お部屋に飾ってある絵が怖くて、お部屋に入れない子もいます。例えば、節分の鬼の絵などです。理由がわかったら、なるべく早く絵の掲示をやめるか、「鬼さんのこと、嫌いなんだよね。でも、大丈夫。怖かったら先生に言ってね、助けるから」などと毎日声かけをして、安心させてあげましょう。

② 朝のお支度ができないとき

●「朝のお支度」が大きな壁に

　登園しぶりの理由にもありましたが、３歳以上のクラスで、「朝の
お支度」をすることが苦手な子どもたちもいます。

　教室の入り口で先生に「おはようございます」と言う。靴を脱いで
上履きに履きかえる。通園バッグから連絡帳とタオル、コップを出
す。連絡帳は先生の机の上に、タオルのヒモをタオルかけにひっかけ、
コップは所定のお盆の上かバスケットの中に入れる。連絡帳に出席
シールを貼る（ハンコを押す）。うがい、手洗いをする。

　これ以外に、登園したら園服に着替え、着てきた服はたたんでロッ
カーにしまう園もあります。ここまで書いてきただけで、「これだけ
のことをするのは大変だなあ」と思います。

　私が日ごろ担当しているお子さんたちの姿を思い浮かべると……。

　例え「他のみんながちゃんとできている」としても、「できない子
にとってはむずかしい課題」です。

　「高い段を越えろ」と強制するのではなく、その段を越えやすいよ
うにスモールステップを組み、スロープをかけてあげてください。

1 手順の図示や場所の工夫

　手順を絵や写真でわかりやすく示したものを、お支度をする場所のそばに掲示してみてましょう。

　「コップをお盆の上に」など、ことばだけの指示ではなく、お盆に各自のマークを書いたコースターくらいの厚紙を置き、その上にコップを置くようにしてはどうでしょう？　まだきていないのは誰なのか、保育者にも一目瞭然です。

　また、保育室内をあちこち移動せず、なるべく1カ所で支度を終えられるように場所の配置を工夫してみてください。

2 手先が不器用でうまくできない

　靴を脱ぐのは簡単。でも、履くときに、「かかとのつまみを持って引っ張る」ところで挫折しがちです。かかとのつまみに、引っ張りやすいようにリングをつけたり、綿テープを通したりして、不器用な子にもつまみやすいように細工してみましょう。

　タオルかけも同じです。タオルにつけてあるヒモがくにゃっとなる柔らかい材質だと、両手を使ってヒモの2カ所を持ち、フックにかけなくてはなりません。これは、かなり難易度の高いワザ。少し固めの組みヒモや、綿ロープにするとかけやすくなります。

　また、ヒモやロープの代わりに、直径4センチかそれ以上の大きさのプラスチックのリングをタオルに直接縫い付けると、片手でもつまめるのでかなりラクになります。

　シール貼りやハンコ押しも、器用な手になってほしくてやってもらうわけですが、不器用な子には一大試練です。シールは台紙からはがしやすいように一部を折り返しておく、貼る（押す）ときは保育者が手を添える、などの工夫で成功感を高めましょう。

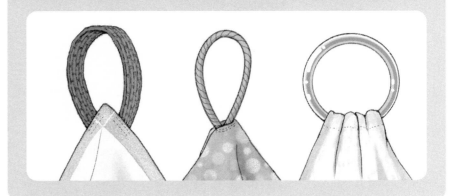

③ 席から離れてしまうとき

● みんなと同じように座っていられない

　クラスで集まってお話を聞くときや製作をするとき、立ち上がってフラフラと歩き回ってしまう子がいます。「座ってね」「早く席に戻って」「みんなと一緒にやるんだよ」とどんなに声をかけても、なかなか改善されません。そんなとき、「どのようにかかわればよいのか」を考えてみましょう。

1 近づく

「席に戻って」という声かけをする代わりに、まず、その子のそばに行きます。圧迫感を与えないようスーッと近づくのがコツ。席に戻そうと音を立てて勢いよく近づくと、さらに逃げてしまう可能性もあります。

2 興味を向ける

その子の横に並んでゆったり座り、「みんなは〇〇してるね」と他の子が今やっていることに興味を向けるようにします。

3　見せる

　製作などの課題の場合は、その材料を持って近づき、「これで、〇〇やるんだよ」と近くで見せます。

4　離れた場所でもOK

　「席に戻ってやらない？」と誘ってみます。拒否されたときは、「そうか、戻りたくないんだね」と受け止めた上で、「じゃあ、ここでやろうか？」と提案します。触覚過敏や聴覚過敏が原因で、他の子の近くにいるのはイヤだけれど、課題がイヤなわけではない場合もあります。「みんなと一緒」ではなくても、興味を持つこと、離れた場所でも参加する（見るだけでも）ことはすばらしい！と伝えます。

お友だちの中に
入りにくいとき

● 自由時間は、それぞれの行動特性が見える時間

　ひとくくりに「お友だちの中に入りにくい」と言っても、２、３歳児と、４、５歳児とでは発達的なとらえ方も異なります。ここでは２、３歳児について考えてみましょう。

　登園、保護者との別れ、朝のお支度、と大仕事を終えて、さあ、自由遊びの時間です。

　すぐにお友だちと一緒に遊ぶ子もいれば、自由時間いっぱいひとりで黙々と遊んでいる子、ぼんやりつっ立っている子。また、明らかに他の子たちのままごとに入れてもらいたいのに、「入れて」と言えずに離れたところから眺めているだけの子もいます。それぞれの性格や行動特性がくっきりと見える時間です。

● 自由遊びは「本当の自由を保障する」時間

　就学前の６年間は、学校の授業にちゃんとついて行くための準備をする期間ではありません。その時期、その時期に必要なことをきちんと積み上げていけば、小学生になれば小学生なりの、中学生になれば中学生なりの力を蓄えているはずなのです。

　２、３歳の時期に必要なのは、「自由にトライし」「自分の思う存分」「好きなことに取り組む」ということです。自由遊びの時間には、文字通り、本当の自由を保障してあげたいものです。

　お友だちと一緒に遊べるからマルで、「入れて」と言えないからダメということはありません。これから時間をかけて、「一緒に遊ぶ楽しさ」や「入れて」という呪文の便利さに気づいていけばいいのです。

　そして、そのことを下支えするのが、先生の役割だと私は思います。

1 大人は安心の基地に

　2、3歳児は、十分に集団生活に適応したように見える子でも、保護者と離れた直後は不安になるものです。

　「先生が見ていてくれるから大丈夫」「困ったことがあったら、先生にＳＯＳを出せばいいんだ」という安心感を持たせるような姿勢に徹しましょう。安心できれば、おのずと外界に目が向き、集団参加に興味がわくものです。

　「いつまででも安心して寄りかかっていていいよ」と、心のつっかい棒になっていると、子どもはいつの間にか寄りかからずにひとりで立てるようになります。

2 さりげなく誘い、モデルを示す

　お友だちと一緒に遊ばず、ひとりで黙々と遊ぶ子は、ひとりで集中して遊びたいためかもしれません。それはそれで認めつつ、「みんなと一緒に遊ぶと別の楽しさもあるよ！」ということを伝えてあげたい

ものです。

　グループ遊びのこぼれ玉が転がったら「○○ちゃん、そのボール、取って。こっちにちょうだい！」とさりげなくグループ遊びに気づかせ、興味を持つように仕向けてみます。ただし、深追いはしないこと。「自分で」気づき、「自分で」参加することが大切です。

　「入れて」と言えずにいる子には、「『入れて』って言おうね」と本人に言わせようとするのではなく、お友だちの顔と本人の顔とを交互に見ながら「いーれーて」と先生が代わりに言いましょう。「あなたはこういう気持ちなんでしょ？　先生があなたのこと、後押ししてあげているからね」というメッセージを込めて。これが、子どもに対するよいモデルにもなります。

　お友だちの人数が多すぎて気後れしているようなら、子どもの少ない早い時間に登園するよう保護者に提案することも有効です。

⑤ 大人から離れられないとき

● 離れられない背景を考えてみる

　何をするにも保育者がそばにいないと取り組めず、一時でも大人が離れると、わぁーっと泣き出して遊べなくなってしまう。給食も、保育者が隣にいないとひと口も食べられない。そんなお子さんがいます。

　子どもの不安には、いろいろな要因があるものです。発達過程の一時的な状態、性格、なんらかの発達上の問題が背景にある場合などもありますし、進級したばかりでお部屋に慣れない、お家が引越しをした、お母さんのお迎えが遅くなった、お母さんが妊娠して、微妙に様子が変わってしまった……などの事情があるかもしれません。いずれの場合も、「この子は不安なんだな」という理解から始めます。

　表情がさえない、なんだか落ち着かないという様子はありませんか。連絡帳でのやり取りや、送迎の際に保護者の方とお話をするなどして、家庭の状況の変化などをできる限りつかむように試みましょう。

● 離れられない発達上の要因

● 年齢並みの理解ができていない

周りで起きていることや話の内容がわからず、不安です。保育者にわかりやすく教えてもらえると安心します。

● 触覚が過敏

同じくらいの小さい年齢の子たちは、いつぶつかってきたり、さわってきたりするかわからず、安心できません。先生のそばにいて、防波堤になってもらいたいのかもしれません。

● 聴覚が過敏

ピカッ！と光ったあと、ゴロゴロ、バリバリ！と音がしたとします。「きゃ！雷だ！」としがみつける相手がそばにいてくれれば、パニックにならずにすみます。これと同じで、周りの元気な子たちの声がうるさく、耐え難く、音自体が不安の種であれば、安心できる大人がそばにいてくれることで、少し落ち着くことができます。

1 安心感のコップを満たす

　何が要因、原因になっているにせよ、「安心感・安全感」のコップが満たされ、自分から「よし！」と、ひとり立ちする覚悟が決まらない限り、大人へのしがみつきは解決しないでしょう。

　そして、安心感のコップが満ちるのは、大人が「わかった、あなたが『もう、大丈夫！』って言うまで、いつまでだって、一緒にいるよ、守るよ」という姿勢を見せてくれること、それにつきるのです。

　その子にとっては、先生が命綱です。「ちゃんと」「早く」を求めず、安心感のコップを満たすまで、付き合ってあげてください。

2 見通しを持たせる

　子どものそばを離れるときは、「○○してくるから待っててね。必ず帰ってくるから」と伝え、帰ってきたら、「帰ってきたよ、待っててくれたのね」とねぎらいます。

　いなくなっても必ず帰ってくる。そのことをくり返し、見通しが持てるようになると、少しラクになるでしょう。

お水を捨てたら必ず帰って来るからね

③ 寄り添うような声かけを心がける

　怖がり、臆病、泣き虫、はじめてのことに取り組むのが苦手……そんな傾向の子どもたちがいます。

　怖がりで、「こわいよー」と言う子なら「怖くないよ」ではなく、「怖いんだよね」。泣き虫には「泣かない！」ではなく「〇〇がほしかったんだよね」。はじめてのことに戸惑っているなら、「がんばってやってみよう！」ではなく、「ちょっと勇気が出ないよね」など、その子の心に寄り添うような声かけを心がけてみてください。

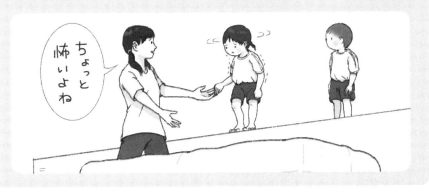

ちょっと怖いよね

⑥ 場面の切り替えが うまくできないとき

● 子どもの側から考えてみる

　朝の自由遊びの時間が終わって、「さぁ、お部屋に入ってお集まり。ホールでリズム遊びの時間です」。園庭にいる子たちに声をかけると、ほとんどの子がスムーズにお部屋に入りますが、中には頑として入ろうとしない子もいます。あの手この手で働きかけ「みんないなくなっちゃうよ」と言っても、かえって意固地になってしまいます。

　子どもたちを集団で動かしていかなければならない立場としては、「困ったな」と思う状況です。でも、子どもの側から考えてみるとどうでしょう？　声をかけられる直前に時間を巻き戻してみます。

　園庭の隅に、隣地の大木のドングリが落ちていることを発見！「あの中には、きれいで大きくてピカピカのドングリがあるはず。きっとある！」そう思って、腕まくりしたとたんに「はい、おしまい」。そう言われてもとうてい承服できないのは当然です。

● 時間を分断しているのは大人の都合

　就学前保育や教育がまだ整備されていなかったころ、子どもは日がな1日寝食を忘れて遊びに打ち込んだものです。朝から晩まで泥をこね、水遊び三昧。そしてとことん遊び込んだ末に、ある日、「はぁ〜」と満足のため息をついて、次のマイブームに移っていきました。

　本当は、そんな風に満足するまで遊びつくさせてあげることが理想的。「時間を区切り、場面を切り替え」ざるを得ないのは現代の大人の都合です。

　「悪いね、ごめんね」という気持ちで子どもに対し、さらに、「でもね、自分でやりたいことがあるだろうけど、他の人の都合に合わせることも、だんだんに学んでほしいのよ。社会で生きていくために必要なスキルだからね」と、伝えていく必要があります。

● 心がけておきたいこと

　子どもが場面の切り替えがうまくできないとき、いろいろな場面に共通して保育者が心がけておきたいのは、主に次のふたつのことです。

① 見通しを持ち、この先の楽しみを期待できるように心がける
② 目で見てわかる手立てを講じる

　子どもにとってうれしいかかわり、子どもにとってわかりやすいかかわりを常に模索しましょう。

1 スケジュールボードを常設する

1日の園生活の予定を一覧にして絵や写真などで示します。登園したときに見られる場所に掲示しておくと、保護者も安心です。

今日はお集まりのあとはリズムあそびだね

2 始める前に終わりの合図を決めておく

きれいな音のベルを鳴らす、決まったペープサートを示すなど、わかりやすく楽しい雰囲気のものを決めておきましょう。

3 「おしまい」と共に、次の活動の楽しさを伝える

「そろそろおしまいだよ。次は〇〇。楽しみね」「お集まりのあとは、ホールでリズム遊び。今日は、先生が新しいお面を作ったんだ。かわいいから見てね」など、次の活動への興味を引き出します。

4　終わりの時間をあらかじめ予告する

「あと5分で先生が合図するよ」「合図したらみんなで片付けよう
ね」などと予告して、心の準備を促します。

5　子どもの気持ちに添いながら次の行動を示す

大人の都合で指示・命令し、従わせるのではなく、「もっと遊びた
かったよね。わかるよ。でも、次の〇〇もきっと楽しいから一緒に
やってみようよ」などと誘ってみます。

⑦ 遊びが続かないとき

● 周りの大人にできること

　くり返しになりますが、子どもの行動は、常にふたつの視点から考えてみることが大切です。

　（1）生理的な要因／ 発達に凸凹のある発達障害や発達速度の遅さなどは、脳の発達に由来する要因です。基本的には脳の働き方の特性であり、その特性自体を治したり変えたりすることはできません。

　（2）環境的な要因／ 環境設定次第で子どもの行動を改善できる場合があります。保育者のことばかけやかかわりを含めて、調整できることがないか探ってみましょう。

　遊びが続かないのは、本人の注意持続力が足りないことが要因かもしれませんが、周りの大人にできることもあります。

1 体を動かす遊びに取り組む

「長続きしない遊び」として、積み木やままごと、パズル、描画などの静的な遊びが念頭に浮かぶことが多いのではないでしょうか。

まずは、その前に体を動かす動的な遊びを取り入れることをお勧めします。追いかけっこ、かけっこ、鬼ごっこ、ブランコ、マット、ターザンロープなど。これらの動きによって、落ち着く力のスイッチが入る可能性があるからです。

また、静的な遊びを始める前に、抱っこしてぐるーんと回したり、おんぶして走ったり、手を取ってぴょんぴょん跳んだりするのも有効です。療育機関ではよく行われています。赤ちゃんがむずがったときに揺らしてあげると落ち着くのもこれに似ています。

（詳しくは、150 ページの「発達を促すかかわり方や遊び方」の本を参考にしてください）

2　部屋や遊具を整理する

　使いたかったブロックの部品が見つからず、プイと集中の糸が切れるのはよくあることです。また、雑然とした環境で多くのものが視野に入ると興奮し、さらに集中しにくくなります。

　保育室や戸棚の中に遊具などをしまうときは、なるべく同じ色、同じ大きさのカゴに統一して整理整頓します。毎日見ていると"雑然としている"ことに慣れてしまいますが、巡回相談などの機会に外から行く私から見ると、「気が散りやすい子にとってこの部屋はちょっと、色や形がバラバラでつらいな」と感じることも少なくありません。

　「はじめて見学にきた」人の視線になって、部屋の整理を見直してみましょう。

③ 単純な遊具、目的の明確な遊具を用意する

　保育園にある遊具やおもちゃは、遊びの素材を提供するという位置づけからか素朴なものが多いのですが、こうした遊具は、注意力や想像力を駆使できない子にとっては遊びにくいものです。

　「玉を穴から落とすとチーンと音がする」などの単純な遊具は意外と「ウケる」ことが多いです。また、ボール投げはすぐに飽きてしまう子も、ダンボール箱に動物が「あーん」と大きな口を開けた絵を描き、その口に向けてボールを投げるなどの目的のはっきりした遊びなら、くり返し遊べることがあります。

　このように、単純で目的が明確な遊具を用いて、楽しさが味わえるように工夫し、大人が個別にかかわって、遊びの面白さを手ほどきし、「できたね」などと声かけしましょう。

⑧ 絵本や紙芝居に
集中できないとき

● どうしてお話に集中できないの？

　例によって、子どもの側の要因（生理的、心理的）と、環境側の要因に分けて考えてみましょう。このふたつは、いつも不可分に結びついていますから、対処の方法も合わせて考えます。

● 絵本や紙芝居に集中できない子へ

1 状況が理解できていない

　「これから面白い本を読むよ〜」と説明し期待を持たせます。声か
けに気づいていないなら、「○○くん、絵本を読むよ」と個別に声か
けし、「先生のそばにきて、床に座って、見ようね」など、必要な手
順を説明します。

2 やりかけのことが気になって集中できない

　それまで遊んでいたことが気になっているかもしれません。「続き
は本を読んだあとでやるから大丈夫」と声をかけます。

3 姿勢や座り位置が定まらず、集中できない

　フラフープや縄跳びの縄を輪にしたもの、座布団などで「ここに」
座る、という範囲を示します。「正座だよ」「体育座りで」「イスを引
いて」など、その子が安定しやすい座り方を伝えます。

4－1　よく見えない、気が散る（視覚的に）

- ・明るすぎて落ち着かない

  ⇒カーテンを閉めて少し暗めにする。逆光にならないよう先生が

  　暗い側を背にするように気をつける。

- ・他の子の姿が視野に入ってしまう

  ⇒集中しにくい子を最前列、先生のそばに座らせる。

- ・先生の背中側にあるモノが視野に入って落ち着かない

  ⇒子どもからの視界を考え、先生の背中側がシンプルであるよう、

  　無地のパネルを置くなど工夫する。

- ・本（紙芝居）の位置が見えにくい

  ⇒「ちゃんと見える？」と子どもたちに確認する。

- ・先生の手や指がジャマになって集中できない

  ⇒手が目立たないよう注意する

4－2　気が散る（聴覚的に）

隣の保育室や園庭から
の音が気になるときは、
窓を閉めて音を入りにく
くします。絵本や紙芝居
も、聞き取りやすいよう
に、大きめの、はっきり
した声と発音で読みます。

5 内容が理解できない

　子どもが好む本は、保育者が読んであげたい本よりも少しやさしめのことが多いものです。絵がくっきりし、ひとつの文章が短めでストーリーがわかりやすいものを選びます。また、全員が同じものを見なくてもいいという緩やかさを保障しましょう。発達の遅めの子には、その子が気に入っているレベルの本を自分で見ていてもいいことにしてはどうでしょうか。

6 内容に興味が持てない

　興味が持てないことをわかっているよ、と伝えてあげましょう。「あしたは〇〇くんの好きなのを読むから、今日はこれを聞いてね」と言うことで、次への期待が持てます。

　内容には興味がなくても、読み手に興味を引かれるよう、声に強弱をつけ、臨場感あふれる読み方をしてみましょう。子どもに「ねえ、こんなになっちゃったんだって！」と働きかけたり、「あらまー、どうしたらいい？」と問いかけたりして引き込む工夫をします。

　あらかじめ何冊か本を用意して、「どれがいい？　2冊だよ」とその中から子どもたちに選ばせます。主体的にかかわると、注意を向けやすくなるからです。

⑨ ホールの活動に 参加できないとき

● クラスでは落ち着いて遊べるのにホールは苦手

　ある幼稚園の３歳児さん。自分のクラスの部屋では落ち着いて遊べるようになってきましたが、ホールで行う運動遊び、音楽遊びやリトミックから逃げ出そうとします。「落ち着いて遊べる"ようになってきた"」ということから見ても、もともと、同年齢児に比べると、少し気がかりなところのあるお子さんなのでしょう。ホールでの活動が苦手な要因としては、どんなことが考えられるでしょうか。

1 「ホールに行って何をするのか」がわからない

「ホールで音楽遊びをするよ」と説明したとしても、そのお子さんには「音楽遊び」「ホール」が、よく理解できていないかもしれません。前回使ったお面や写真など、視覚的手がかりを示しながら、「行けば楽しいことがあるよ！」とわかりやすく伝えます。

また、「今までいたお部屋は空っぽのお部屋になっちゃうんだよ」ということが伝わるように、電灯を消し、カーテンを引き、ドアや窓を閉めて「さあ、行きましょう！」と伝えます。

2 場面の切り替えが苦手

今までやっていたことを急に中断されて、心残りなのかもしれません。どうしても納得してくれない場合には、今まで遊んでいたおもちゃをホールに持って行くことを認めるのも選択肢に。より楽しいことが見つかれば、こだわりを手放せます。

3 いつもの保育室からの移動が不安

ホールに移動するときが、一番不安な時間です。「ホールに行くよ」と声をかけ、先生が手をつなぎ、あるいはそばに寄り添って移動するように配慮します。

4 広い場所が嫌い

　不安な気持ちのとき、広い場所は落ち着かないものです。ホールの真ん中に集合するのではなく、ピアノのそばや、お布団の入っている押入れや壁の近くなど、「隅っこ」に集合してみてはどうでしょう。その子のためにマットを敷いて「この上で待っててね」と言うと、「居場所」ができて安心できる子もいます。

5 音がうるさくてイヤ

　広い場所に行くと、子どもたちものびのびしていつも以上に大きい声が出ます。音に過敏なタイプの子どもにとっては、いたたまれないシチュエーションです。大音量のテープレコーダーや号令代わりのピアノが鳴ると、さらに苛酷な環境です。音は控えめに、ソフトに、を心がけると、少しラクになるかもしれません。行動観察してください。

6 蛍光灯の音やチラチラがイヤ

　ホールの灯りは保育室の灯りと同じですか？「ジジジー」という音がうるさい蛍光灯だからイヤ、など、通常、大人が感じない程度の光のチラチラする状況が耐えられないというお子さんもいます。

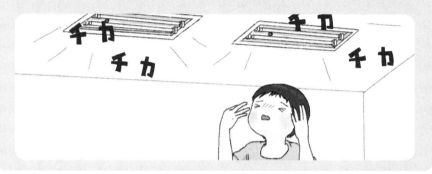

● ひとりずつを特別扱いする

　他にも、ここにあげた要因に当てはまらない理由があるかもしれません。その子が「安心できる状況」を作り出せるよう、観察をしていろいろな工夫をしてみましょう。

　仲良しの子が横になるように並び順を考える、順番を待つ間は補助の先生が抱っこしてあげるなども試してみましょう。

　「ひとりだけに特別なことはできません」とは、学校や園でよく言われることですが、「クラス全員、ひとりずつを特別扱いする」と考えるとどうでしょうか。困ってしまう状況はその子によってちがいます。一人ひとりをしっかりと見ると、それぞれにしてあげられることは変わってくると思います。

10 外遊びに出たがらないとき

● みんなが好きな外遊びが嫌いなのはなぜ？

外遊びに行きたくて仕方がない子がいる一方、園庭やお散歩など、外遊びが苦手な子もいます。外出の支度をしようとするとグズってしまい、なかなか外に出られないこともあるでしょう。

あの手この手で外遊びに誘っても、頑として部屋を出たがらない子の場合、どんなことが考えられるでしょうか？

1　園庭も慣れない場所

　その子にとって「園庭」は、いつまでたっても慣れない場所なのかもしれません。出ている遊具は毎回少しずつちがい、年長組が鬼ごっこをしているかと思えば、三輪車で遊んでいる子もいて、園庭では毎日異なる光景が広がります。大人には同じに見えても、その子には見慣れない、心配な場所である場合があります。「お庭に出る」ときには一緒に付き添い、「大丈夫だよ」と伝えれば、遊べるようになる場合もあるでしょう。

2　広すぎて不安

　視覚を含めた感覚の発達の具合によっては、どこに何があるかを見つけたり見分けたりすることがむずかしいため、広い場所では大きな不安を感じる場合があります。庭の真ん中にいきなり出るのではなく、廊下をたどって、園舎の角の部分からそーっと庭に出る、園庭の周辺部分をたどって目的の場所に行くなど、経路を工夫してみましょう。

大丈夫だよ

3 どこから何が飛んでくるか心配

　ボディイメージが未確立で、視覚がうまく使えず、注意を上手に向けられないお子さんは、「ボールが飛んでくるのに気づいてよける」「お友だちが走ってくるのをかわす」などができません。

　そのため、「いきなりボールがぶつかってくる」「お友だちが急にぶつかってきて転ぶ」など、心配なことがたくさんあります。

　園庭の隅の木の周りで葉っぱを拾う、砂場では角の部分に座るなど、安心できるところを見つけて安全に遊び、「園庭はそう悪いところではない」という思いを持てるよう援助しましょう。

4 外遊びで何をするの?

　「お外に出るよ」だけではなく、鬼ごっこ、三輪車に乗る、など今日の予定を具体的に示します。また、「三輪車で、ジグザグ走る練習をしよう」など、イメージをふくらませるのもオススメです。

　また、お庭に工事用のコーンなどで目印を作って、「三輪車でコー

ンを回って戻ってくる」など、目的のある遊びを保育者側が用意して
おくことも必要でしょう。

5　靴の脱ぎ履きが苦手

　不器用なために、靴の脱ぎ履きが苦手で、「お外、行かない！」と
反射的に答えてしまう子もいます。触覚過敏のため、室内で裸足だっ
た足に新しいものが（と言っても靴ですが！）さわる感触が、ぞっと
するほどイヤなのかもしれません。靴の匂いがイヤという子もいます。
　脱ぎ履きしやすい靴を選ぶ、脱ぎ履きするための腰かけを用意する、
ちょっと手を貸す、靴下を履いてもいいことにする、など、ちょっと
した工夫で「大丈夫」になる場合もあるかもしれません。
　「どうしてイヤなの？」「何がイヤなの？」とていねいに聞いてあげ
ると、答えてくれる場合もあります。

11 製作の課題に 取り組まないとき

● 製作のために保育者ができること

　行事の前や季節ごとの製作など、みんなが製作に取り組み始めると保育室から出てしまう子や、まったく取り組もうとしない子がいます。

　園全体での取り組みともなると、なんとか全員の製作を終わらせたいという思いが先走り、「がんばって！」と追い立ててしまいがちですが、その子の側から、さまざまな状況を考えてみましょう。

1 別にやりたいことがあって、課題に気持ちが向かない

　注意の向け方や、自分の気持ちをコントロールすることに弱さがあって、「自分のやりたいこと」を優先して動いてしまう発達段階のお子さんがいます。

　発達が進むにつれて、参加できる部分が増えていくのは確実です。あまり急がず、今の段階では大半を先生が作り、本人が興味を持った部分だけ参加させるのも一案です。

2 他のことに気を取られる

　園庭で遊んでいる他のクラスの子どもたちの声などに気を取られて、目の前のことに興味が向けにくい場合があります。

　保育室の窓を閉めて、外からの騒音がなるべく入らないようにする、カーテンを閉めて外が見えないようにする。部屋を整理整頓して視覚に入る刺激量を減らし、「今、話題になっていること」に注意を向けやすいように環境を整えます。

3　手順の説明がわからない

　耳の聞こえが悪かったり、言語理解力が幼かったり、先生の話にうまく注意を向けられなかったりして、手順の説明が理解できないのかもしれません。手順を図解したパネルを事前に作って提示するなど、「目で見てわかる」ように工夫をしてみましょう。

4　手先が不器用で思い通りにできない

　指先ではなく、腕全体の大きな動きで製作できる題材などを使って、「できた！」という気持ちを体験させてあげると、「できた！」の成功感が、少しずつ細かいものへの挑戦につながります。

　鉄棒や砂場遊びで腕や手を使う機会を増やすと共に、積み木やブロックなどの遊び、スモックやお手ふきをたたむ毎日のお仕事を通して、手や指先を使うように心がけるのもいいでしょう。

5 「一連の流れ」を遂行できない

　注意力が続かない、手先の動きの苦手さなど、さまざまな要因から、一連の流れの遂行を必要とする製作を避けようとする子は少なくありません。事前に製作の過程をスモールステップに分けて整理し直し、ひとつのステップだけでも参加できるように工夫してみましょう。

　例えば、色紙をふたつに切るには、ハサミの開閉を数回くり返す必要がありますが、この開閉が子どもには大仕事です。色紙の最後の3センチくらいだけがくっついている状態まで先生が切ってあげて、最後の「チョキン」を子どもに取り組ませると、「できた！」という達成感を得られます。

　「できない子」がいたら、「どう援助したらできるのか？」「どう援助したら楽しくなるのか？」を、あの手この手で探しましょう。糸口はきっと見つかるはずです。

12 体育遊び運動遊びが苦手なとき

● 無理のない範囲で体の動きを整える

運動の嫌いな子、動きのぎごちない子、体育遊びが大の苦手な子もいます。運動が苦手なまま大人になる人もいますから、「今、ここでなんとかしなくちゃ！」と考えすぎる必要はありません。

体の動きが整ってくると、姿勢が安定します。姿勢が安定すると、周囲がよく見え、音がよく聞こえるようになります。注意を向ける力も向上し、学習が進みやすくなるということもあります。

将来のためにも、幼児期に体の動きを連動させることができるように楽しくトライさせてあげたいものです。

運動が苦手という状態の背景にはいろいろな理由が考えられます。運動そのものを教える、やらせる、というだけではないかかわりを持つことが大事です。

1 ボディイメージの確立が不十分

　ボディイメージ、つまり「僕の足はここにある」「自分の体の輪郭はこの大きさだ」という感覚は、寝返りやハイハイなど、成長と共に自然に身につくはずなのですが、なんらかの理由から、それがうまくいかない子がいます。

　抱っこした状態で大人が体を前傾させ、落ちないように自分からしっかりしがみつかせる遊び、腕や足をわらべ歌に合わせてギュッギュッと強めにさわったりこすったりする遊び、背中や肩をトントンごしごしする遊びなどを取り入れて、運動の基礎作りに取り組みます。

　トンネルくぐり、ダンボールで作ったミニハウスへの出入り、保育室の扉を閉めて狭いすきまを出入りする、などの遊びも効果的です。

② 姿勢を保つ力が育っていない

　お腹側の筋肉と背中側の筋肉との力の入れ具合をバランスよく調整しないと、まっすぐの姿勢を保つことができません。筋肉が弱いのではなく、「筋肉を調整する脳の働きがうまくいかない」のです。

　トランポリンを使ってぴょんぴょん跳ぶ遊び、すべり台やフロアカーのような加速度のかかる遊び、ブランコやハンモックなどでゆらゆら揺れる遊び、ヨガのようなストレッチを取り入れた遊びなどを毎日意識的に積み重ねることで、少しずつ、または、目ざましく改善することがあります。

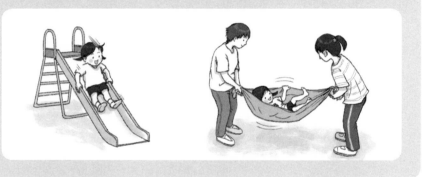

③ 筋肉や関節の動きのフィードバックができない

　私たちは体を動かすとき、筋肉の収縮具合や関節の曲がり具合を時間経過ごとに脳にフィードバックをして、動きを調整しています。この機能に不具合があると、思い通りのスムーズな動きができません。

　思い通りにできないから、結果的に動くのが嫌いになってしまいま

す。この感覚を育てるには、❷と同じようにぐるぐる回る遊び、ぴょんぴょん跳ぶ遊びなどが役立ちます。

❹ その他

　運動遊びを行う屋外の広いスペースが不安で、避けようとする子もいます。その子の定位置をテープやカラーコーンなどで示してあげてはどうでしょう？

　運動で体が動けば、お友だちも自然に声が大きくなります。大きな音が苦手な子には試練です。でも、楽しい気持ちで自分から参加するときは「大きな音」も我慢しやすくなります。

　その子が興味を持てるような種目を選び、ルールをわかりやすく図示するなど、工夫をしましょう。

すべての子に
注意深く配慮された子育てを

● 基本的な視点

---

❶ 「育つ力」が順調に発揮される、望ましい環境を整える

　「療育とは注意深く配慮された子育てである」（高松鶴吉）のことば
の通り、療育と保育は共通の枠組みを持っています。

　それは、子どもの中にもともとある「育つ力」が順調に発揮される
ように、望ましい環境を整えることにほかなりません。

　「環境」には、遊具の選定や保育室内の配置などの外側の整備と、
先生のかかわりという人的環境とが含まれます。

❷ 育ちに弱さを持つ子は「注意深く配慮された」保育が必要

　育つ力の旺盛な子は、少々雑な環境にあっても、自分の力で育っ

ていくことができます。しかし、育ちになんらかの弱さを持つ子は、ベースに障害がある場合もあるので「注意深く配慮された」保育を組み立てる必要があります。

❸ 「注意深い配慮」とは

・子どもの興味や関心をよく読み取る。
・無理に全体に合わせようとしない。
・その子なりのペースを尊重する。
・指示・命令に従う練習をさせるのではなく、自発性を育てるよう心がける。

「具体的な対応」としては、次のようなものがあります。

・保育室など環境の見直し。
　（環境騒音への配慮、整理整頓して混乱を最小限にする）
・子どもが興味を持ち、取り組みやすい遊びや遊具を選ぶ。
・注意を引きつける教材の提示やことばかけを工夫する。
・言語理解を助ける視覚的な支援を意識する。
　（身振り、絵カードなど）
・否定したり叱ったりを極力減らし、認めるかかわり、ほめるかかわりを行う。
・肯定的なことばかけに徹する。

❹ 本来、すべての子どもに対して行われるべきもの

離席や保育室からの脱け出し、他児への手出しなど、困った行動があるというお子さんが、配慮された保育の中では、スムーズに集団活動に参加できることも少なくありません。

特に、知的に大きな遅れがないとされる発達障害のお子さんたちは、受け入れる集団側の環境整備次第で、適応状態が大きく変わります。

大人の責任は、重大です。将来のためにも、さまざまなバリエーションを持つお子さんたちを集団に受け入れるための準備が必要です。

障害の程度が重く、通常の集団での生活がかえって本人の負担になるお子さんには、少人数での専門的療育が必要な場合もあります。

❺ 技術の裏づけとなるのは、子どもへの深い洞察と理解

よりよいクラス運営を行い、子どもの伸びを促すためには、保育士・幼稚園教諭側の保育技術がカギとなります。子どもの行動の背景にある身体・生理面、心理面、発達面でのつまずきや不具合を学び、推測し、理解することが大切です。

❻ 広い視野を持つ

園での子どもを見るだけではなく、就学後のシステムや地域内の相談機関、専門機関を知り、保護者の了解を得て連絡、連携を取りながら、地域全体で子どもの育ちを支援する、という広い視野を持ち、行動することが望まれます。

● **具体的な提案**

① 注意・指導する前に「なぜだろう？」と考えるクセを

人の行動には、必ず、それに先立つ理由や原因があるものです。子どもの理解しがたい行動や、困った行動に遭遇して、条件反射のように注意をしたり指導をしたりする前に、ひと息入れて、「この子はどうしてこういう行動をしたのだろう？」と考えるクセをつけましょう。

「指導しなくちゃ！」という先生根性は、目を曇らせます。子どもの側に立って「なぜ？」と考えると、その行動の切実な理由や原因が見つかり、おのずと対処の方法も見えてくるでしょう。

② 子どもを障害名で見ない

「自閉症だから絵カードが有効」とか、「お友だちに手が出やすいのはＡＤＨＤだから」と障害名で決めつけず、「〇〇ちゃんは絵で示すとよくわかるから絵カードを使おう」とか「△△くんは、指示が続くとイライラして手が出やすくなる」と、個別場面での行動観察を積み

重ねて、その子の、得意なこと、苦手なことをひとつずつ自分の辞書に書き込んでいくつもりで接してください。障害の理解ではなく、子どもの理解を。

③ 集団の中で個がはぐくまれるよう力量を高めて

先生の中には、「この子だけ見ていられるわけではありません」とおっしゃる方がいます。確かに園では集団活動が前提ですが、それは「みんな一緒に一斉に同じことをする、させる」ことを意味していません。

ひとりずつの子どもの気持ちを読み取り、気持ちに添いつつ、少しずつ大人の考える方向へも導く、と考えてください。

④ 園全体で取り組む

育てにくい子、むずかしい子を担任ひとりで引き受けるのは大変です。園全体で子どもの状態を共有し、接し方を統一し、担任以外のすべての先生が目を配ってくれる状態を作り出しましょう。担任が支えられていると思える安心感が、子どもの安定を作り出します。

外部専門家の巡回を利用して保育の質を高めたり、他機関との連携や情報交換を積極的に行いましょう。園長、主任、看護職の役割が大きくなります。

⑤ 保護者と仲間になりましょう

保護者と保育者は、子どもの健やかな育ちを共に喜び合う仲間です。

上から目線にならず、保護者と本音で話し合える関係を目指しましょう。本音で話せば、わかり合える保護者の方が多いものです。ただし、中には例外もあります。深追いしすぎてこちら側が破綻しないよう、相手を見極めることも必要です。

⑥ 子どもの理解のための知見を広げてください

「こういうときには、こう対応！」のたぐいのハウツー本ではなく、基本的な視点を学ぶことをお勧めします。特に赤ちゃんの発達を細かく知ることは、多数派とは異なる発達の姿を見せる子ども、障害かもしれない子どもの理解のために役立ちます。最後に何冊か、お勧めの本をご紹介します。

3章　お勧めの本

● 発達を促すかかわり方や遊び方

・『乳幼児期の感覚統合遊び』
　加藤寿宏監修　高畑脩平他編著（クリエイツかもがわ）
・『育てにくい子にはわけがある』
　木村順（大月書店）

● 赤ちゃんから就学の発達の道すじ

・『はじめて出会う育児の百科』
　汐見稔幸　榊原洋一　中川信子（小学館）
・『子どものこころとことばの育ち』
　中川信子（大月書店）

● みんなとちがう感じ方や行動はなぜ？　どう接したらいい？

・『あたし研究』
　小道モコ（クリエイツかもがわ）
・『おっちょこちょいにつけるクスリ』
　高山恵子（ぶどう社）
・『気になる子の本当の発達支援（これからの保育シリーズ３）』
　市川奈緒子（風鳴舎）
・『気になる子も過ごしやすい園生活のヒント』
　あすなろ学園（学研プラス）
・『軽度発達障害のある子のライフサイクルに合わせた理解と対応』
　田中康雄（学研）

4章

つながりの
中で
育てる

保護者と協力、地域で連携

● 顔の見える連携を

　保育園、幼稚園の先生たちの中には「私ががんばらないと、子ども
が伸びない！」と、一生懸命になりすぎる方がおられます。でも、子
どもは、長い時間経過の中、いろいろな人たちからの影響を受けなが
ら自分の手持ちの力で自分から伸びていけるものです。あなただけで
がんばらなくてもいいんですよ。

　この章では、子どもの成長にとって、園と同じかそれ以上の意味を
持つお家での生活が順調であるように、保護者とどう協力したらいい
かを考えます。

　また、地域の子どもたちを見守る仕組みや機関、乳幼児健康診査や
それを担当する保健師さんについて、就学にあたって知っておいたほ
うがいいこと、についてお話しします。

　子どもは成長するにつれて、属する場所が変わります。いろいろな
居場所、通う場所、支援機関の例を図にしました。（右図）

　乳幼児期に利用する子ども家庭支援センターや子育てひろば、保育
園や幼稚園、場合によっては療育教室を利用する場合もあるでしょう。
６歳で小学校入学、そして、中学、高校と進みます。

　どんな場がどこにあり、どんなことをしているのか知ることから始
めましょう。今後子どもとかかわってくれる人に「この子をよろし

く」とゆだね、成長を喜び合う関係になるための第一歩です。知ることから始まる信頼関係が、互いの連携や情報共有を進め、子どもの健やかな育ちと保護者の安心感を支えることになります。

　地域で開催される発達障害児支援にかかわる講演会や研修会に参加すると、地域内に熱心な人がいることがわかり、「顔の見える連携」が広がるきっかけになることがあります。

　地域のみんなで、つながりの中で子どもたちを育てる。

　そういう意識をみんなが持つと、育ちにむずかしさのある子たちも、その保護者たちも、また園や学校の先生たちも、もっともっとラクになれるでしょう。

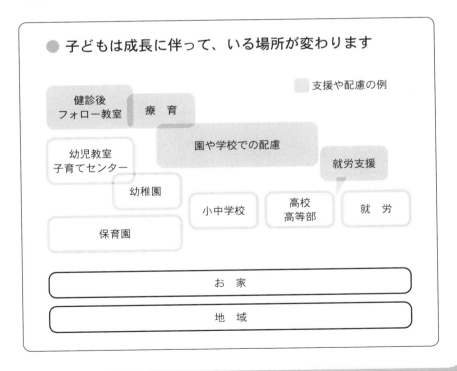

● 子どもは成長に伴って、いる場所が変わります

支援や配慮の例

健診後
フォロー教室　療育

園や学校での配慮

就労支援

幼児教室
子育てセンター

幼稚園

小中学校　高校
高等部　就労

保育園

お　家

地　域

1 保護者と協力するために

育てにくい子を持つ保護者へのかかわり

● 子どもをかわいがれない保護者

保育園、幼稚園の先生とお話ししていて、ちょっとした違和感を感じることがあります。

「親なのだから、子どもを愛しているはずだ」「親なのだから、子どものために時間と労力をかけるのが当然」といった考えと共に、保護者に対する厳しさを垣間見ることがあるのです。

親は、子どもを根本のところでは愛しているとは思います。けれどもさまざまな事情で、そう振るまえない場合もあるのです。

特に、「育てにくい子」「手のかかる子」「発達障害の可能性のある子」を持った場合には、親が心身共に疲れてしまっていることもあります。毎日夜泣きが続く、ひどい偏食をする、手を離すとどこに飛んで行くかわからない、しっかり手をつなごうとすれば甲高い声でキイキイわめく、髪を洗うとじたばた大騒ぎ……。

これでは、子どもをかわいがるどころか、うとましく思う気持ちが芽生えても不思議ではありません。

● 保護者と保育者の間の決して越えられない壁

　保護者と保育者の間には、決して越えられない壁があります。保育者は、基本的には子どもが好きで、自分から選んでこの仕事をしており、イヤになったらやめることができます。

　しかし、親は必ずしもそうとは限りません。私自身、子ども相手の仕事をしていますし、知識もそれなりにありましたが、自分の子どもがとても育てにくく、本当に大変な時期がありました。「私、本当は子ども好きじゃなかったのかもしれない」と思ったこともあります。仕事はやめられても、親であることは一生やめられません。

　その上、親としてやるべきことをきちんとやっても、それが「当たり前」。誰かにほめてもらえることはありません。少しでも欠けたところがあると「親なのに」と批判されるのが常です。

　このように、保護者と保育者は、はじめから立場がちがうのだということを、しっかり心に刻みつけておく必要があるのです。

● 子どもの中に見つけたすばらしさを伝える

　保育者は、子どもの困った行動をどうやり過ごすか、いろいろ工夫することに大きなやりがいを見出します。それは、「仕事」だからできることもあります。保護者に対して同じことを望むのは、むずかしいのです。

　では、保育者は、保護者に対してどんなことができるでしょうか。私自身、子どもが小さいころ、保育園の先生からのひと言で気持ちがラクになったことがあります。

朝から晩までぺらぺらぺらぺらしゃべり続け、新しいものを見つけたとたんにさわったり壊したり、1秒だって気を抜けない息子のことを「まったく疲れちゃうんです」と愚痴ったとき、保育園の先生は笑顔でこう言ってくださいました。「〇〇ちゃんの頭の中、開けて見てみたいって、私たちいつも言ってるんですよ。次々と新しいことを思いついて、ほんとにおもしろいから！」。

　保護者からは、「周りを疲れさせることばかりする」と見えていたわが子が、先生方にとってはそんなにおもしろい存在なのか！ そう思えて、愚痴を少しだけ「おもしろさ探し」に切り替えることができたのを今でも懐かしく思い出します。

　保育者は、保護者に「理想の親像」をあてはめる代わりに、親と自分たちとの立場のちがいをわきまえた上で、子どもの中に見つけた楽しさ、おもしろさ、すばらしさを自分のことばで保護者に伝えていただければと思います。それこそが、育てにくい子を持つ保護者への一番の支援になるでしょう。

❶ 保護者が本来持っている 「子育て力」 を引き出す

● 個別的・直接的かかわりと環境調整

　私たち言語聴覚士は、対人援助職ですが、その仕事の内容には２種類のことがある、と学校で教わります。

> ①　対象者に対する直接的支援
> 　対象者に直接かかわること（遊び・指導・訓練等）によって言語・コミュニケーション能力の向上をはかること。
>
> ②　環境調整
> 　対象者が暮らす環境（家族や集団）が望ましいものとなるように、周囲に働きかけること。

　保育士や幼稚園教諭も基本的には対人援助職であり、保護者との対応は「環境調整」に属していると考えられます。

先生たちは、子どもたちが健やかに育つように、と願います。だからこそ、園生活と並ぶもうひとつの環境である家庭で、保護者の対応が変わってほしい、と思うのは自然なことです。

　だからこそ、つい「もっとがんばって！」「もっとちゃんと子どもと向き合って！」と言いたくなってしまうのでしょう。

● エンパワメントという考え方

　エンパワメント（empowerment）ということばをご存じですか？エンパワメントとは、「人は本来、潜在的な力を持っている。その力が順調に発揮されるよう手伝い、その結果、その人が自立の方向に向かうよう手助けする」という考え方のことです。

　本来、子どもをかわいがったり注意深く育てたりする能力を、潜在的に持っているはずの保護者。どうしたら、「本来持っているはずの上手な子育て力」を発揮できるのでしょうか？

　「もっとがんばれ！」という叱咤激励や「こうやればうまくいくからやってみて」という具体的提案が功を奏することもあるでしょう。でも、一番効き目があるのは、「あなたはよくやっている！すばらしい！」という承認のことばです。

● 認められること（承認）は人を成長させる

　自分のことを振り返れば、そのことはよくわかると思います。職場に、「これがダメ」「あれもイマイチ」と否定的な言い方ばかりする先輩がいると、「私のこと育てようとして言ってくれるんだわ」と自分

に言い聞かせようにも、だんだんやる気がなえてきてしまいます。

　一方、「これができたね」「あれはステキな発想ね」と小さなことを
ひとつずつ認めてくれる同僚や先輩がいると、「もっとやってみよう」
「これはどうかしら」と次々にアイデアがわいてきます。それこそが、
エンパワメントです。

　対人援助の役割は伴走者。本人が力をつけるよう、さりげなく支え
ることです。有能な人ほど自分も全力で走り、相手にも全力で走らせ
たくなりますが、相手の力に合わせることを忘れては元も子もありま
せん。

　小さなことでも、「いつも見てるよ。あなたががんばってるの、
知ってるよ」というスタンスで認めてもらえれば、保護者も必ず心を
開き、安心して心配事を打ち明けてくれるようになります。そして、
そこから本当の「対話」「会話」が始まるはずです。

　育ちの環境である家庭が望ましいものに変化してほしいと願うなら、
保護者が安心してなんでも話せる、「認め上手・ポジティブ思考の先
生」になることから始めましょう。

❷ 保護者と一緒に 育っていこう

● 保育の定義ってなんでしょう？

　療育に関しては、「療育は注意深く配慮された子育てである」という定義が広く受け入れられています。

　一方、「保育とは何か？」について、"それだ！"と思える定義を、私はまだ手に入れられずにいます。

　「保護者が行う子育ては『養育』だけど、保育者が行うと『保育』なんだ」と、きっぱり言い切った知人がいました。私はそのとき「へぇー」と思い、「じゃあ、お母さんが保育士だったら、その人の子育ては保育なの？養育なの？保護者が行う子育てを『家庭保育』と言うの？」などと疑問に思い、そのままなんとなく今に至っています。

● 保護者との役割分担と協働

　そんなことを考えるのは、保護者と保育者（療育者）との役割分担と協働について、きちんと考えなければならない事情があるためかもしれません。

　私が当時かかわっていた療育の場は、行政の財政的理由から、通えるのは週1回、半日のみでした。それ以外の日、お子さんたちは保護者と家で過ごしたり、保育園や幼稚園で過ごしたりします。

160

週に１回しか通えないことには積極的な意味もあります。それは、「子育ての主体者は親である。親はいやおうなく一生子どもとかかわっていくのだから。私たちは、子どもの人生のある一時期、一部に関与し、可能な範囲のお手伝いをするだけ」というスタンスが守れることです。

　そのおかげで、と言っては負け惜しみになるかもしれませんが、親ごさんたちは、２年、３年と通ううちに、みごとに親になっていきました。お世辞ではなく、スタッフが教えられてばかりでした。

　専門家だから、と、親ごさんの「子育て」を代わりに引き受けてしまっては、かえって親ごさんたちの専門家依存を引き起こし、親としての育ちを阻害する結果になっているのではないか、と反省させられました。

● 保護者と保育者は子どもの育ちを共に喜び合う仲間

そんな経験を重ねる中で、たどりついたひとつの結論があります。「保護者と専門家は、子どもの健やかな成長を共に喜び合う仲間である」ということです。

養育や保育についての知識の量や、くり出せるワザのレパートリーは、専門家のほうが圧倒的に多く持ち合わせているにちがいありません。子育て2年目3年目の親ごさんに対して、経験10年目20年目の先生が教えてあげられることはたくさんあるでしょう。しかし、大切なのは知識を伝え、共有することではありません。

知識や技術は保護者との関係のきっかけ、入り口であって、ほんとうにすべきなのは、〇〇ちゃんの健やかな育ちを「共に喜び合う」ということなのではないかと思うのです。

"子どもの健やかな成長"を真ん中におき、それに向かって共に歩む姿勢が作れたらと思います。そうなれば、保護者と先生は「教える／教えられる」関係ではない対等な仲間になり、子どものために、なんでも話せる関係が作り出しやすいからです。

❸ 保護者の歩みを理解する

● 心を開くべきは保護者？

「保護者がもっと心を開いてくれれば、私たちも、もっとできることがあるのに」

先生たちが多く感じるもどかしさです。でも、障害のある子を持つ保護者には、一人ひとりそこにいたる物語があります。

ある保護者の心の動きをご紹介しましょう。

・３歳児のお母さんのお話

息子は、３歳になると同時に「自閉症ではないが、自閉症の周辺にいる子」と言われました。大変なショックで、はじめは先生の言うことが認められず、そして落ち着いて聞き入れた今となっては気がめいるばかりで、ふつうの子を持つお母さんと会うのがイヤになりつつあります。

息子のＳは、生まれたときから大変手のかかる子でした。泣いてばかりで抱っこしないと寝ないし、離乳食もやりにくかったし、外も連れて歩きにくかった。すべてにすごーく敏感に反応して、扱いづらい、それがゼロ歳くらいからの強い印象です。

　当然 1 歳でも、落ち着く気配はなく、ひとりではおもちゃもまったく遊ばず、歩き出したと思ったら、すごーいかんしゃく持ち、次から次へと難題を吹っかけられたようで、まったくかわいく思えなかった。

　1 歳半で、ことばが遅いことには気づいていたけど、動きも激しいからその反動くらいに思っていました。2 歳の夏、おもちゃとなるとカーッとして見境はつかなくなるし、公園ではずーっと抱っこをせがんだきり離れない。もちろん、ことばはゼロ。2 歳の秋から冬にかけて、おもちゃの取り合いをする S を叱り続けたせいか、公園大嫌いに。

　わが子だけいつまでも扱いづらく、ひどい孤独感。とうとう公園に行くのは断念し、気持ちの持って行き場のなさを味わいました。

　公園で知り合ったお母さんに「S ちゃん、みんなと変わらないよ」「考えすぎよ」って言われましたが、励ましてくださるそのことばも実はつらい。S が変わっているとか言われたら、それもショックだけど、私の考えすぎって言われるのも……。

　誰も、障害児を持った母の気持ちなんてわからないんだ。それが、私から明らかにエネルギーを奪っていきます。意識しすぎて、ふつうに振るまえません。

　S は、私から離れたがらないし、あーだこーだとかんしゃくを起こしたり、文句つけたり。友だちなんかできるわけがなく、私だけが S

に振り回されて腹が立つ。つまらない。私ひとり意識過剰でくたくた。ことばはまったく出ません。口真似が少しだけ。おむつは当然まだ。対人関係に弱く、自分のペースを乱されるのがイヤ。情緒不安定、集団ももちろんだめ。これから入る療育で、果たして少しはラクになれるのか、私は不安材料ばかりが浮かびます。

　Sのことをまだ受け入れられなくてつらいです。もっと愛したいのに……自分ばかりがどんどん孤立していく。

　こんな感じ、みなさんも味わっているのでしょうか……。

　そして、このあとに数行、その後の報告が付け加えられています。

　その後、療育機関の先生方の、Sをまるごと受け入れてくださる姿に、また、そこにいらしているお母さん方との出会いによって、私自身とても癒されていき、身内の支えもあり、以前よりとても心が軽くなりました。今は、Sをまるごと受け入れつつあります。多くの方々に感謝の気持ちでいっぱいです。

　『うちの子、ことばが遅いのかな……』言の葉通信編著／ぶどう社、より引用。（一部省略）

　保護者の思いを、ていねいに聞き取ってあげてください。それが、保護者への一番の支援になるのだと思います。

④ "言うべき" と思うことは きちんと伝える

● 園から保護者に伝えるべきこと

ある保育園の園長先生からうかがったお話です。

　乳児から入園していて、次第に発達の遅れや偏りが目につくように
なった２歳児クラスのＡくん。お母さんは、仕事もとても忙しそうで、
まったく気にしている様子がありません。来月が３歳児健診なので、
健診の場で、何か気づきを促すようなことを言ってもらえたらと、担
任も気をもんでいます。

　健診のあとで「どうだった？」とお母さんにたずねると、「特に何
も言われませんでした、ちょっとドキドキで行ったんですけど」と、
明るい返事です。「ドキドキで行った」ということは、お母さんも少
し心配があったということでしょうか。

　そこで、担任と園長とで相談し、個人面談を設定しました。

　「実は……」と園長が切り出します。

　「Ａくんは、私たちにとってもかわいいかわいいお子さんです。で
も、成長にともなって、少し気がかりなことが出てきています。具体
的には、〇〇や△△ということです。小さいうちはありがちなことな
ので、注意深く見守ってきたのですが、３歳になり、他の子の成長に

ともない、少し目立つようになってきました。Ａくんが集団生活をスムーズに送れるよう、お預かりする私たちも園としてできることを精一杯努力しますが、親ごさんと協力しながらやっていきたいと思い、お気持ちをうかがいたいと思いました」と率直にお伝えしました。

　すると、お母さんは、「そうなんです、実は私も気になっていて」と受けてくださいました。

　その後、話はとんとん拍子に進み、相談を経て、週に１回療育に通うことになりました。

　このように、うまく行くことばかりではありませんが、こうした場面での伝え方の留意点をいくつかあげてみます。

保護者に伝えるときの留意点

1）　保護者の気持ちを見極める

　保護者の状態を見極めるためには、日ごろからしっかりかかわり、信頼関係を築いておくことが大事です。「健診に行くのはドキドキだった」というお母さんのふとしたことばが介入のきっかけとなることもあります。送り迎えの際、担任は保護者と少しでもことばを交わすようにとの園の方針が生かされました。

2）　伸びている点も合わせて伝える

　気になる点だけではなく、伸びてきている点、優れている点もきちんと伝えます。子どもの様子を把握してもらえている、見守ってもらえているという信頼感が対話をスムーズなものにします。

3）　本音を「私メッセージ」で語る

　率直に、本音できちんと伝えます。その際、「"園の私たちは"こういう点が気がかりだと考えています」と、主語をはっきりさせて話すよう心がけます。経験を重ねている園の判断は大きくは間違っていないはずですが、保護者に対して、「園側の考えは"とりあえず"であって、必ず正しいとは限らない」という余地を残す必要があるからです。

4）　子どもの育ちを一緒に支えていこうと伝える

　「園は、お子さんのよりよい育ちを願っている、だから保護者と力を合わせてやっていきたいのだ」と、はっきりと口に出して伝えることが大切です。このことは、意外と忘れられていることが多いのではないかと思います。

2　子どもをめぐるシステム

● 園だけで支えようとがんばらずに

　子どもを取り巻くシステムや人についても知っておきたいものです。今、子どもを日常の保育の中でていねいに把握すると同時に、地域全体や人生の見通しの中でとらえる遠近両方の見方が、強く求められているからです。

　園だけで支えようとがんばるだけではなく、「助けて！」と発信し、手を組んで一緒に支える、知り合い、わかち合う関係作りが必要です。支援の必要な子を念頭に作ったネットワークは、多数を占める通常の子どもたちのために役立つ局面も少なくないでしょう。

保健師と健診の仕組み

1）保健師とは

　保育園にとってもっとも身近な専門職は、保健師でしょう。

　日本には、母子保健法があります。乳幼児健康診査（健診）は、この法律に基づいて地方自治体に実施が義務付けられているので、日本全国で必ず実施されています。保健師は、この健診の主たる担い手です。

　保健師は、看護師になるための勉強にプラスして、公衆衛生の勉強をします。病気よりもむしろ健康維持を担当する専門職です。英語では、Public Health Nurse と言います。

　ちなみに、公衆衛生の衛生とは、「生命（いのち）」を「衛（まも）る」こと、保健とは「健やかさを保つ」ことを意味します。

　看護師が、「病気を個人レベルでとらえ、治療する」と発想することが多いのに対し、保健師は「病気の予防や、社会資源の活用（どういうところに紹介したらこの人はより健やかになれるか）を社会的視野の中で考えようとする」職種と言えるかもしれません。

● 保健師の活動

　保健師は、地域住民の暮らしを健康という視点から支える職種です。したがって、地域に密着して活動する必要があります。そのため、保健師には、「地区担当制」があります。市内の〇〇町の担当はＡさん、△△町の担当はＢさんという具合です。

　健診の際に気がかりがあった子どもや、保護者の育児力に不安材料がある場合など、保健師が様子を見に保育園を訪問することがあるでしょう。保育園からの要請で見にきてくれることもあります。

　保健分野の仕事は、① 地域住民の全数を対象とする、② 必要な場合は予防的かかわりを行うことができる、のが大きな特徴です。

　したがって、必ずしも保護者の同意がなくても、予防的かかわりの範囲内で、身軽に動くことができる職種です。

　各地域で保健師の動きにちがいや特徴がありますが、保育園が一番つながりやすい外部の専門職は、まず保健師・保健センターでしょう。機会をとらえて、保健師とつながりましょう。

● 保健師の所属

　保健師が所属するのは、市町村では「保健センター」や「健康推進課」「健康支援課」など。「保健所」は都道府県が管轄し、地域での健診よりも専門的な業務を担当しています。

　例外的に、特別区や政令指定都市では「保健センター」ではなく「保健所」という名称で、都道府県保健所機能と自治体の保健センター業務の両方を受け持ちます。

2）健診とは

「明日はケンシンなので早くお迎えにきます」と保護者に言われた
とき、みなさんが思い浮かべるのはどちらですか？「検診？」「健
診？」正解は、「健診」で、「乳幼児健康診査」を略したことばです。
日本では、離島でも、過疎の集落でも、必ず行われています。

母子保健法に基づいて行われる母子保健事業には、安全な妊娠出産、
病気の予防としての予防接種、育児支援、未熟児出生や障害の可能性
や、心配のある親子さんへの支援など、多岐に亘る事業があります。
健診は、その中のひとつです。

● 乳幼児健康診査の時期と方法

乳幼児健診は、「1歳までの間で2回、1歳6カ月、3歳前後で行
う」との母子保健法の規定に基づいて行われますが、時期は自治体に
よって若干のちがいがあります。

健診のやり方は、保健センターなどで実施され自治体保健師がかか
わる集団健診と、個別に各医療機関で受ける個別健診があります。

昨今は、経費の面から医療機関委託を模索する自治体が多いのです
が、「地域で子どもを育てる」上では保健師とのかかわりはとても大
事ですし、個々に病院での健診となると、そこのお医者さんの主観的
な判断に大きく左右されてしまうので、私としては集団健診を維持し
てほしいと思っています。

● 健診の内容

　保健師さんがかかわる集団健診では、1）事前に問診票に記入　2）身体計測　3）医師の診察　4）保健師による相談　5）歯科健診・歯磨き指導　6）栄養相談などが、行われます。

　離乳食、歯磨き、子育てや発達面で相談事のある保護者には、個別相談の場も設けられています。

　「健診で、ひどいことを言われた」という保護者の訴えは多く、保健師は悪者扱いされがちです。しかし、実際には医師、当日だけのパートの看護師、歯科衛生士、栄養士などたくさんの職種がかかわるため、その中のひとりに厳しい言い方をされただけで、健診全体の印象が悪くなってしまうということもあります。

● 健診の目的

　健診の目的は、病気を早く見つけて適切な治療をすること、虐待の予兆を見出し予防すること、障害の兆しがあったり育ちに不安のあるお子さんがいたら支援につなげること、などです。

　発育・発達面では、3〜4カ月では首すわり、9〜10カ月でははいはいや対人関係の発達、1歳6カ月では自立歩行やことばの出方、3歳では身辺自立、知的な発達の様子などを見ます。

　心配事があったら保護者の方から相談してもらい、よりよい子育てを支援する、ということが目的の健診なのですが、そのあたりにはむずかしい問題がいろいろあります。

3）健診を受ける

● 発育・発達面で心配があった場合

　1歳6カ月や3歳児健康診査で病気の可能性が見つかると、医療機関への精密健診票が発行されます。停留睾丸、聴力検査、尿検査での心配など、いろいろな専門的な診察や検査が無料で受けられます。

　発育・発達面に心配がある場合の事後フォロー（事後相談、経過観察）は、自治体の考え方や財政事情で千差万別です。

　個別相談として、お医者さんによる「経過観察健診」や「発達健診」、心理相談員による「心理相談」「継続相談」、言語聴覚士による「ことばの相談」、保健師による「育児相談」などがあるかもしれません。

　1カ月に1回か2回のグループ活動を用意して、親ごさんと親しくなりつつ、お子さんの発達の様子を見ていく場合もあります。グループには保健師の他、保育士、心理相談員などが参加します。名前もバラエティに富んでいます。「ひよこ教室」「遊びの教室」「あひるクラブ」「どんぐりグループ」「よい子のへや」などさまざまです。

● 親ごさんのそれぞれの対応

　お子さんの発育・発達に心配があると考えられ、親ごさんの了承が得られれば、相談機関や療育機関をご紹介となります。実際は、2歳、3歳の低年齢児が通える療育の場が少ないことが大問題です。

　保育園在園児だと、親ごさんが子どもの"問題"に気づいていても、

専門機関に相談しに行ったり、療育に通う時間が取れません。内心、困ったな、心配だなと思っていても仕事を休めないため、園の先生たちに打ち明けられずにいることも少なくありません。逆に、明らかに心配な子なのに、親ごさんはまったく気づいていない場合も多いです。

● 健診のむずかしさ

健診の前に、保健師あてに事前情報を寄せてくださる園が全国的に増えているようです。「うちの園の〇〇ちゃん、園ではこんなふうに心配な子なんです。健診のときによく見てください」といった電話が入ります。そして、健診後、園の先生からは「せっかく健診に行ったのに、何も言ってくれなかった」とお叱りを受けることに。

でも、健診実施の側にも言い分があります。「よく見てください」と言われても、何十人ものお子さんが次々通り過ぎる健診の場、しかも、大泣きしている子がいる中で、ひとり10分程度の短い時間で「問題」を見極めるのはきわめてむずかしいのです。

お医者さんが子どもの発達面に詳しい先生であればまだいいのですが、ふつうの小児科医や内科医だと「はい、大丈夫ですよ！」で終わることになりがち。「大丈夫ですよ」は、身体的病気はありませんよ、の意味なんです。さあ、どうしたらいいか……。

障害の兆しを早期に発見し、必要な支援につなげる。言うは簡単でも、実行は困難なこの課題。関係者で機会を作って顔を合わせ、話題にして自治体全体としてどう取り組むか、話し合うこと以外にないと思います。一番頭を抱えているのは保健師のはずです。

4）保健師さんと園の連携

　スムーズな連携のためには、なんと言っても互いに知り合いになることが一番の早道です。顔を合わせる、名乗り合う、声を聞く（電話）、メモ程度でもいいので文字で連絡を取り合う……。

　保健センターの場所をご存じなければ、勤務の帰りにでも前を通ってみてください。こういう場所で働いているのかー、と、ちょっと気持ちが近くなるように。

● 同じ話を一緒に聞く場を作る

　保育園全体研修や保育士研修が計画されて、上司の理解が得られるなら、保健師さんにも案内を出してみましょう。郵便や庁内の交換便を利用して、という手もありますが、事情が許すなら、「ついで」を作って手渡しに行きましょう。カウンターの向こうにいる人に渡しに行くのはちょっと勇気がいりますが、その一歩が大事です。ポストに投函するとき、案内チラシだけではなく、ひと言ふた言、手書きのメモを添えます。

　保健師が、ひとりでも、ふたりでも参加してくれたら、その人を大歓迎し、決して離さないようにしましょう。保健師の仕事は、本当に忙しいのです。業務上で企画される研修だけで、あっぷあっぷのはず。時間を割いて参加してくれるということは、もうそれだけで、「同志」です。

● 園の保健師や看護師を通しての連携

園に保健師や看護師が配置されていて、しかも、市内の園合同の「看護職部会」のようなものが開かれているなら、その場に健診を担当する部署の保健師さんに参加してもらい、情報交換しましょう。

感染症の流行など、子どもの健康を守るための迅速な情報収集は、なんと言っても保健師経由に限りますし、一石二鳥です。

● 互いを尊重して保保連携（保育園・保健師）

精神科医の田中康雄先生が書いておられる連携のコツに、実に深いものがあるので紹介します。

・出会ったときには「ご苦労さま。お互い、大変ですね」と声をかけ、相手をねぎらうことを忘れない。くれぐれも苦言・提言からは会話を始めない。
・互いの職場に足を運ぶ。そこここの仕事の内容・職場の雰囲気・大変さに身と心を寄せ、できるだけ理解しておく。
・ここで自分が、この仕事に就いた場合を想定してみる。
・話をするときには、それぞれの職場の専門用語を使わないよう注意し、できるだけ日常のことばでのやりとりを心がける。
・関係者の助け合い・支え合いは、保護者と子どもを支える基になると考えておく。
・それぞれの専門性を尊重し、尊敬する。もっとも大切にしたいのは、子どもの「今の心」であり、「未来へ向かう育ち」である。

（参考文献『軽度発達障害のある子のライフサイクルに合わせた理解と対応』田中康雄　学研）

❷ 学校の仕組み

就学に向けて

● 就学相談

　障害がある、またはあるかもしれないお子さんには、より適切な、ていねいな教育を保障することを目的として、各種の特別支援学校、特別支援学級（固定級、通級）が用意されています。どういう場で教育を受けるのがよいか、行政としての責任の果たし方を見定める場が、「就学相談」です。就学相談は、入学前年の６、７月から始めるところが多いと思います。市町村のお知らせなどに案内が掲載されます。

　中には、就学相談を受けずに通常級に入学するお子さんも多くいます。「就学相談に行ったらおしまいだ！」との情報が保護者の間を駆け巡っている自治体もあります。それは、就学相談が本当の意味での「相談」になっていないからではないでしょうか。

　学校選びは、子どもの一生にかかわる問題です。信頼できる相談員によく相談し、いろいろな学校や学級を実際に見学し、体験入学などをくり返し「納得して選ぶ」ことが、保護者にとってとても大事なことです。１、２回、おざなりに面接されただけで、「はい、あなたはこちら！」と言われても得心がいかないのは当たり前ですが、できる

だけ、就学相談を受けた上で入学するほうがいいと私は考えています。

◉ 就学支援委員会

　就学相談をしたお子さんの就学先を考える場が、「就学支援（指導）委員会」です。構成メンバーは自治体によってちがいますが、校長、特別支援学級の教員、保育園・幼稚園の先生、療育機関職員、医師などが入ることが多いようです。

　このメンバーで、保育園・幼稚園での実際のお子さんの様子を見学したり、専門員による発達検査を実施したりして、お子さんに適している場について提案します。

　保育園で配慮のある保育を受け、大変さを共感してもらってきた保護者たちは、就学という大きな節目に、子ども中心で考える姿勢を持ちやすいように思います。行政が親身になって考えてくれていることがきちんと保護者に伝われば、いろいろな葛藤はありつつも、納得して学校選びをすることができます。

　幼児期に、保育園や幼稚園であたたかく支えられた経験がここで生きてきます。いろいろな親子さんの学校選び。私はいつも「前途に幸多かれと祈る」気持ちで見守っています。

◉ 就学時健診

　入学予定前年の10月か11月ごろ、入学する予定の学校で身体測定やお医者さんの診察、先生との簡単な面接などがあります。気になることは、このチャンスに学校に伝えられます。

1）特別支援学校

　多数派のお子さんは、地域にある小学校の「通常の学級」（普通学級）に入りますが、中にはちがう学級や学校に進む子もいます。

　日本の学校教育の仕組みの中には、いろいろな学校や学級が設置されていますので、簡単にご紹介します。小学校年齢の子どもが通う公立の学校は、大きく分けて2種類あります。特別支援学校（小学部）と地域の小学校です。

● 特別支援学校の種類

　特別支援学校には、支援を必要とする次のようなお子さんが通います。

> ・知的障害　　・肢体不自由
> ・視覚障害　　・聴覚障害
> ・病弱・身体虚弱

　以前は、障害種別ごとに学校が分かれていましたが、今は、「視覚障害のお子さんと知的障害のお子さんが通う特別支援学校」「肢体不自由のお子さんと知的障害のお子さんが通う特別支援学校」などのような「併置」と呼ばれる形態の特別支援学校もできてきました。

● 特別支援学校の特徴

　特別支援学校は、教員の配置が手厚いのが特徴です。地域によるち

がいはありますが、１クラス３～５人に対して先生が複数つくことがまれではありません。

　また、教員の総数が多いため、さまざまな障害への対応や教科指導について学校全体での蓄積があり、ひとりずつの子どもに合わせたていねいな指導が行われます。身辺自立の指導可能です。

　ただし、特別支援学校のほとんどは都道府県立であり、学区域が広域にわたります。そのため、スクールバスに長時間乗って通うことを余儀なくされる場合があります。ごくわずかながら、私立、市立、区立の特別支援学校もあります。

● 特別支援教育コーディネーター

　特別支援学校には、必ず、地域支援にあたるコーディネーターがいます。

　例えば、知的障害のある子のための「すみれ特別支援学校」は、Ａ市、Ｂ市、Ｃ市の３市を学区としているとしましょう。この場合、「すみれ特別支援学校」のコーディネーターは、３つの市の教育委員会や、各小学校といろいろな連絡を取り合って、特別支援学校との地域交流や、通学が円滑に進むよう調整します。担当地域の情報をかなり詳しく知っています。

　地域の特別支援教育の進捗具合がよくわからないときや、クラスで担当しているお子さんの進路について相談したいときなどは、保護者の了解があれば、特別支援学校のコーディネーターに相談してみるのもひとつの選択肢です。

２）地域の学校（通常）

　地域の公立小学校（通常の学校）には、特別支援学級、通常学級という２種類の学級があり、その他に「通級による指導」があります。通常学級とは、一番多くの子が通う３年１組などの学級のことです。

● 地域の小学校の学級の種類

	学校（教室）	説　明
地域の小学校	● **特別支援学級**（固定級） 　知的障害／肢体不自由 　難聴／言語障害／視覚障害 　病弱・身体虚弱 　自閉症・情緒障害	登校後、基本的には下校までその学級で過ごします。 通常学級の活動に参加することもあります。
	● **通級による指導**（通級教室・通級学級） 　難聴／言語障害 　発達障害 　（LD・ADHD・自閉スペクトラム症） 　弱視／等	通常の学級に在籍し、決まった時間だけ通う小人数集団。地域によって内容も運営の方法も異なります。通級を希望する場合は就学相談を受ける必要があります。
	● **通常学級**	３年１組などの学級のこと。

（１）特別支援学級（固定級）

　特別支援学級（固定級）とは、なかよし学級などの名前の知的障害学級が代表的です。"固定"の意味は、登校から下校までそのクラスで過ごすからです。"交流"として給食や音楽などで３年１組に行くこともあります。

（2）通級による指導（通級指導教室、通級学級）

　通級による指導とは、3年1組で月曜から金曜まで一緒に勉強するけれど、水曜日の午前中だけ、あるいは、金曜日の3時間目だけ、より専門的・個別的指導を受けるために「通級」のクラスに通うというものです。先生と子どもが1対1かせいぜい数人のグループでゲームをしたり勉強をしたりします。

　公式には、「通級による指導」ですが、「通級」「通級学級」「通級指導教室」など、さまざまな呼び方があります。

　種類としては、「ことばの教室」、「きこえの教室」、「学びの教室」、「通級指導教室」などの名前が付けられています。

・通級による指導の専門性

　通級は、地域によって設置や運営の方法もさまざまで、学級（教室）の先生が保護者や外部からの相談を受け付ける相談機関の性質を持つ場合もあります。

　どこの通級もが共通して抱える問題点は、先生の専門性についてです。通級の担任は、通常学級からポン！と異動してきた先生が不安いっぱいで務めている場合もあれば、ベテランの先生が長年継続している場合もあります。

　特別支援教育にかかわる教員の専門性向上は急務ですが、通級での個別・少人数指導を経験した先生が通常学級に戻られて学校全体によい影響を与える例もあるので、一概に専門家を配置すればいい、というものでもありません。

3）学校の種類の比較

　就学をめぐって保護者から相談されることもあるかと思います。特別支援学校、特別支援学級（固定、通級）、通常学級、それぞれにプラス面とマイナス面とがあります。保護者の目から見てプラス面と思えるところが、子どもにとってはマイナスに働くこともあります。

　私の周りの悩める保護者のために作った対比資料をご紹介します。小学校の先生たちも「はっきり書いてあるなあ。でも、その通りだと思いますよ」との反応でした。参考にしてください。

　どんな選択をするにせよ、"よいことづくめ"というわけにはいかないでしょう。

　大事なのは、学校や先生に任せっきりにしないこと。学校でマイナス面があるなら、それをお家や放課後の活動の中で補充するよう、考える必要があります。具体的には、習い事や塾、放課後等デイサービスなどです。子どもに合った指導をしてくれるところが見つかって、学校以外のよりどころとなる場所ができると、親子共にとてもラクになるはずです。

	プラス面	マイナス面
通常の学級	・人数が多く活気がある ・子ども同士の関係ができる ・文字や数の勉強が中心 ・クラス運営のやり方によっては、保護され、大事にされる ・居住地域の学校に通えるので、地域の保護者や子どもの知り合いが増える	・人数が多く落ち着かないことがある ・対等な仲間になれないことがある ・勉強についていけなくて、学校に行きたくなくなることがある ・主人公になる経験が持ちにくく、自信喪失することもある ・保護されすぎて、依存的になることもある ・他の保護者の理解を得るためには努力が必要 ・先生は40名以下に対して1人、加配はされない ・特別支援教育経験者の先生は少ない
固定制の特別支援学級	・少人数で子どもの状態に合わせた指導が行われる ・当番や発表会など主人公になる経験を通して自信を持つことができる ・子ども同士のかかわりが強い ・子ども8人で1学級の割合（先生の配置の原則。都道府県によって、上乗せがある） ・通常学級との「交流」による統合教育が行われる場合あり	・少人数すぎて活気が足りないことがある ・担当する先生のやり方が強く反映する ・地域に同い年の友だちができにくい ・学区外の学校に通うことになる場合がある（兄弟姉妹と別の学校に通うことになる） ・学区のお母さんたちとの交流が少なくなりがち ・子どもの顔ぶれによってクラス運営が困難な場合も ・「交流」は子どもにとってマイナスに働く場合もあり、「交流は子どもの様子を見ながら」が原則 ・必ずしも親の希望通りにはいかない ・先生は必ずしも特別支援教育経験者ではないことも
通級制の教室や学級	・少人数または個別で、必要に応じたサポートが受けられる ・通常学級でみんなと一緒の時間は絶えず緊張しているが、通級は自分らしさをのびのび出せる時間になる ・通級の先生が在籍級の担任とのつなぎ役になってくださることも多い ・在籍級・通級の両担任で情報共有しやすい	・在籍学級の勉強の補いという意味合いではないので、勉強については保護者が見る必要がある ・学級としての方針もあり、保護者の希望通りにいかない場合もある ・通級で安心できる分、在籍学級がつらくなることも ・通常級と通級との2つの集団の違いを自覚して行動する必要がある。状況理解の力が必要 ・通級の先生がたびたび在籍校と連絡を取れるわけではない。お子さんの在籍学級での理解を進めるためには保護者の努力が不可欠 ・自校（校内）通級は、他児の目が気になって通いにくい子もいる
特別支援学校	・少人数での教育 ・同じ発達レベルの集団の中で落ち着いた生活が保障される ・子どもに対する先生の数が多い ・ゆったりしたプログラム ・身辺自立など、基本的なことをていねいに教えてもらえる ・複数担任制で先生の力量に左右されにくい、指導の継続性がある ・個別教育プログラムが可能 ・社会参加を見通しての指導が可能	・通常学級との交流の機会が少ない ・家から遠くに通わなければならず負担が大きい ・地域との交流が少なくなる ・兄弟姉妹と別の学校に通うことになる

● この子たちをよろしく

　就学前の乳幼児期、心配事やわからないことだらけの保護者にとって、園の先生の存在は、ほんとうに大きいのです。

　1歳児のころ、泣いて離れようとしないわが子を抱きとって「大丈夫。行ってらっしゃい。私が昼間のお母さんですから」と言ってくださった保育園の先生のことを、私はよく思い出します。

　「あたたかく受け止めてもらった」「気持ちに寄り添ってもらった」。そういう経験は、子どもだけではなく、保護者にとっても一生心の支えになるはずです。

　ちょっと気になるこの子たちを、保護者と協力し、一生懸命育ててこられた園の先生方は、学校という未知の世界に足を踏み入れていく子どもたちをハラハラする思いで見送ることと思います。

　入学までに身につけさせておくべきあれもこれも、まだできていない、とご心配かもしれません。

　でも、安心して学校にゆだねましょう。学校は以前よりずっと特別支援の考え方や受け皿の整備が進められています。小学校と保育園、小学校と幼稚園の連携もずいぶん広がってきました。

　ただ、学校は忙しすぎて、子どもたちの様子を見落としてしまうこともあります。

　宝石のような輝きに満ちた幼児期を共に過ごした園の先生だからこそ、「大切に育ててきたこの子たちをよろしく！」という熱い思いを、折にふれ学校に伝え、子どもたちの元気な様子を聞かせてもらうようにしましょう。

　「みんな、がんばれ。先生も応援しているからね」というエールを子どもたちに届けるつもりで。

4章　お勧めの本

-- -- -- -- -- -- -- -- -- -- -- -- -- -- -- --

● 保護者の気持ちの理解・保護者支援

・『うちの子、ことばが遅いのかな…』
　言の葉通信（ぶどう社）
・『ことばの遅い子、学校へ行く』
　言の葉通信（ぶどう社）
　『言の葉通信』（ことばの遅い子を持つ親たちの生の声が満載の月刊冊子。
　現在は活動停止中）から生まれた2冊です。親ごさんの気持ちを知るために。
・『こころをラクに　あたまをクリアに』
　大林 泉（ぶどう社）
　心理職として、相談を受ける側だった著者が、わが子に"障害"があること
　がわかり、相談する側になりました。親を支えるとはどういうことか、深い
　切実な問題が提示されています。
・『Q＆Aで考える保護者支援』
　中川信子（学苑社）
　保育園、学校、いろいろな場で保護者とどう接したらいいのか一緒に考えま
　した。
・『親子で向きあう発達障害』
　植田日奈（幻冬舎）

● 健診

・『健診とことばの相談』
　中川信子（ぶどう社）
・『乳幼児健診と心理相談』
　田丸尚美（大月書店）

お勧めの機関など・ホームページ

- -

・中川信子　ホームページ「そらとも広場」

　http://www.soratomo.jp

・発達障害情報・支援センター

　http://www.rehab.go.jp/ddis/

・国立特別支援教育総合研究所　発達障害教育推進センター

　http://icedd_new.nise.go.jp/

・LITALICO 発達ナビ

　https://h-navi.jp/

・全国言友会連絡協議会（吃音パンフレット）

　https://zengenren.org/

・かんもくネット（場面緘黙の当事者団体）

　http://kanmoku.org/

・子どもの発達支援を考えるＳＴの会

　https://www.kodomost.jp/

あとがき

　この本は、2003 年から 2011 年にかけて「保育者と親のための学び＆交流紙　エデュカーレ」に隔月で連載した記事をもとにして作られました。

　ずいぶん前に書いたものなので制度などについては手直しが必要でしたが、保育園や幼稚園の「ちょっと気になる子」の姿も、そんな子たちとどうかかわったらいいかと、試行錯誤する先生の悩みも、それほど変わっていないように思います。

　発達障害や支援の方法についての情報は、この 10 年でびっくりするほど広がりました。情報がありすぎて、目の前の○○ちゃんにどの方法を選んだらいいか、わからないほどです。

　この本では、最先端の知見や専門的な技法を紹介するのではなく、先生方が「なんとなく」やってこられたことを言語化し、理由を説明できるように試みたつもりです。応用のきく知識になるように願って。

　連載を単行本化することを快く了承してくださった「エデュカーレ」編集責任者の汐見稔幸さんと編集部の皆さん、書き継いだ連載原稿を整え配列し直してくださったライターの太田美由紀さん、遅れに遅れる返信を気長に待ってくださったぶどう社の市毛さやかさん、そして、「あるある！」満載のイラストを描いてくださったまうどんさん。この本は、皆さんの応援でやっと日の目を見ることができました。

　この本が幸せな旅をして、手に取ってくださる先生たちと、その先生が担任している親子さんたちに笑顔をもたらしてくれますように。

2020 年 1 月　中川 信子

著 者

中川 信子（なかがわ のぶこ）

言語聴覚士（ST）

1948 年東京生まれ
長年にわたり幼児のことばや発達の相談事業に従事。
現在は、東京都狛江市の特別支援教育巡回専門家チームの一員として
市内の小中学校の巡回を行っている。
子どもの発達支援を考えるSTの会代表。

2022年　母子保健事業功労者として「厚生労働大臣表彰受賞」

著書
『ことばをはぐくむ』『心をことばにのせて』『健診とことばの相談』
『1、2、3歳ことばの遅い子』（ぶどう社）
『子どものこころとことばの育ち』（大月書店）
『発達障害とことばの相談』（小学館 101 新書）など
監修など
『はじめて出会う育児の百科』『「語りかけ」育児』（小学館）
『発達障害の子を育てる親の気持ちと向き合う』（金子書房）

ホームページ「そらとも広場」 http://www.soratomo.jp
X(旧Twitter)子ども分野の言語聴覚士（@mint93791876）

編　集 ………… 太田 美由紀

イラスト ……… まうどん

保育園・幼稚園の　ちょっと気になる子

著　者　　中川　信子

初版印刷　2020 年 2 月 1 日
4 刷印刷　2023 年12月25日

発行所　　ぶどう社
　　　　　編 集／市毛さやか
　　　　　〒 154-0011　東京都世田谷区上馬 2-26-6-203
　　　　　TEL 03（5779）3844　FAX 03（3414）3911
　　　　　ホームページ　http://www.budousha.co.jp

　　　　　印刷・製本／モリモト印刷　用紙／中庄

中川信子先生の本

1・2・3歳
ことばの遅い子
ことばを育てる暮らしのヒント

「ことばが遅くても大丈夫」と
言われても……深く悩んでしまう
お母さんたちに。
子どものことばの育ち方をていねいに解説。
ことばの心配あれこれQ&Aも。

1000 円＋税

健診と 1歳6か月児健診と
ことばの相談 3歳児健診を中心に

お母さんの育児を励ます健診に！
子どもと家族を人生の見通しをもって
支えよう！と呼びかけ、「ことばと発達」
の相談と支援に必要な基礎知識と
具体的方法をていねいに紹介する。

2000 円＋税

ことばをはぐくむ
発達に遅れのある子どもたちのために

子どもの育ちとことばについて考える
最適の入門書として定評。
母親としてＳＴとして、
子どもの育ちの基礎をゆたかにし、
心を育てことばを育てることの大切さと、
生きたことばの育て方をやさしく語りかける。

1408 円＋税

お求めは、全国の書店、各ネット書店で